Semillas del Lenguaje:
Desarrollo típico y atípico en pequeños hablantes del español

ALEJANDRA AUZA B.

BARKER ⊗ JULES

BARKER & JULES

Semillas del Lenguaje:
Desarrollo típico y atípico en pequeños hablantes del español

Edición: Barker and Jules™
Diseño de Portada: Barker & Jules Books™
Diseño de Interiores: María Elisa Almanza | Barker & Jules Books™

Primera edición - 2021
D. R. © 2021, Alejandra Auza Benavides

I.S.B.N. | 978-1-64789-562-4
I.S.B.N. eBook | 978-1-64789-563-1

Todos los derechos reservados. No se permite la reproducción total o parcial de este libro, ni su incorporación a un sistema informático, ni su transmisión en cualquier forma o por cualquier medio, ya sea electrónico, mecánico, fotocopia, grabación u otros, sin autorización expresa y por escrito del autor. La información, la opinión, el análisis y el contenido de esta publicación es responsabilidad de los autores que la signan y no necesariamente representan el punto de vista de Barker & Jules Books.

Las marcas Barker & Jules Books™, Barker & Jules™ y sus derivados son propiedad de BARKER & JULES, LLC.

BARKER & JULES, LLC
2248 Meridian Blvd. Ste. H, Minden, NV 89423
barkerandjules.com

ÍNDICE

Introducción	15
El lenguaje como herramienta del pensamiento	15
Capítulo 1: Las semillas	**19**
La pragmática como punto de arranque	**19**
La necesidad de las interacciones sociales con los padres	20
Los padres y la motivación	23
La importancia de tener los sistemas psicológico y cognitivo íntegros	23
Factores que influyen en el desarrollo del lenguaje	25
Reencuentro con la imitación	**30**
El significado en el hacer (The meaning in the making)	**34**
La importancia del juego en el lenguaje	36
Capítulo 2: Los primeros frutos de la comunicación	**39**
Hacer gestos: precursor de la producción de palabras	**39**
Tipos de gestos en la adquisición temprana	42
Gestos deícticos	43
Gestos simbólicos o representacionales	44
Los gestos como precursores de la combinación de palabras	46
Dichosas palabras: Aprendiéndolas en el flujo de la interacción social	**48**
La adquisición del significado de la palabra	48
Comprender palabras y oraciones	50
Aprender a decir la primera palabra	55
La tarea de las funciones ejecutivas en las primeras palabras	56
El verbo como pilar de la combinación	60

Capítulo 3: ¿Qué esperar en esta primera floración?	**67**
Los hitos del desarrollo en los primeros años de vida	67
Los sonidos y la prosodia de las palabras y frases	67
Componentes del lenguaje: forma/ contenido / uso/	70
Pautas evolutivas del lenguaje de 0 a 3 años	71
Principales logros en el desarrollo del lenguaje entre 1 y 3 años de edad	77
Datos de México sobre el desarrollo y los retrasos del lenguaje	78
Semáforo con signos de alerta	**82**
Capítulo 4: Cuando el lenguaje no anda bien	**83**
Causas principales del retraso del lenguaje	83
Hipoacusia o sordera	84
Trastorno Específico/del Desarrollo del Lenguaje (TEL/TDL)	84 / 84
Discapacidad intelectual	85
Trastorno del espectro autista (TEA)	86
Características principales del retraso del lenguaje	87
Dificultades para la identificación de hablantes tardíos	95
Capítulo 5: Actuemos pronto	**97**
La importancia de la intervención temprana y su relación con la plasticidad cerebral	97
¿Esperar para recibir ayuda?	100
Sobre la frecuencia y continuidad en la intervención	102
Capítulo 6: Lo que sí importa	**105**

Factores que intervienen en el desarrollo infantil	105
Sensibilidad parental	105
Conocimiento del desarrollo infantil	106
Tiempo de calidad con el niño	107

Capítulo 7: Estrategias de intervención temprana — **111**

Técnicas que facilitan el lenguaje en el juego	113
El lenguaje: técnicas uno a uno	115
El lenguaje: técnicas de grupo	115
Programas de intervención temprana	118
El programa Baby Signs®	119
Gestos que hablan	122
Thirty Million Words	123
It Takes Two to Talk®	125
Criterios de evaluación de un programa de intervención	126
La evaluación del niño	129
Principios de una intervención temprana	130
Intervención centrada en la familia	131
Participación de los niños en contextos naturales	131
La intervención apoyada en un equipo integral y coordinado	131
La intervención debe basarse en evidencia de la más alta calidad disponible	132
La importancia de los padres en la intervención del lenguaje	133

Capítulo 8: ¡Manos a la obra! — **137**

Guía de intervención mediada por los padres	137
Evaluación inicial: el punto de arranque	139

El entrenamiento de los padres o cuidadores 144
¿Para quién está diseñado un programa de
actividades de intervención temprana? 145
¿Cómo saber si el programa es efectivo? 146
Orígenes del programa de actividades de intervención 148
¿Cuál es el objetivo del programa de actividades
de intervención? 150
    Evaluación del programa 150
    Características del programa de actividades 154
Pasos recomendados sobre cómo estimular el lenguaje 154
    Sesión 1a: El terreno en común 157
    Sesión 1b: La imitación 159
    Sesión 2: Uso de gestos para señalar (deícticos) 161
    Sesión 3: Uso de gestos simbólicos y rutinas sociales 163
    Sesión 4a: Comprensión de palabras 165
    Sesión 4b: Comprensión de palabras inventadas o
    no-palabras 167
    Sesión 5: Comprensión de palabras de acción (verbos) 168
    Sesión 6: Comprensión de oraciones 171
    Sesión 7: Uso de palabras 173
    Sesión 8: Uso de frases y oraciones 175
    Sesión 9: Revisión y evaluación 177
Ejemplos ilustrativos 179
    El caso de MANU 179
    El caso de JOSÉ 181
    El caso de PEDRO 183
Mitos sobre los problemas del lenguaje **186**
Bibliografía 197

"Verdaderamente la vida ama el equilibrio, si mandara sólo ella haría que todo cóncavo tuviera su convexo, que no sucediera ninguna despedida sin llegada, que la palabra, el gesto y la mirada se comportaran como gemelos inseparables, que en todas circunstancias dijeran lo mismo".

José Saramago

Siempre he dicho que tengo mucha suerte porque convivo con los mejores alumnos, colaboradores y colegas con los que se forman equipos inigualables. La motivación está siempre ahí, para poder aportar nuevas cosechas con semillas antiguas que se vienen cultivando un tiempo atrás.

Quiero agradecer a Olivia Mancera, Eva Sifuentes y Pedro Ruiz Curcó porque dieron muchas ideas jóvenes en la implementación y apoyaron en la sistematización del programa de actividades de intervención temprana. También reconozco el invaluable trabajo de Andrea España, Shamel Matilde y Paola Ramírez-Martinell quienes ayudaron siempre con gentileza y cariño, ya fuera con el formateo de los capítulos, con revisiones temáticas o con aportaciones sobre el desarrollo y evolución de los niños. Gracias Andrea por tu prontitud, Shamel por tu prudencia y precisión y Paola por tu agudeza y claridad.

Agradezco profundamente a los niños y sus familias que han depositado su confianza en mí y en nuestro maravilloso equipo de trabajo para caminar con ellos en esta danza del lenguaje inicial. Gracias a ellos he podido experimentar la belleza del desarrollo lingüístico.

A mis hijos adorados, Mau, Coco y Anne, siempre.
A Ernesto, hoy.
A mis padres, Ofe y Ale, ayer, hoy y siempre.

— Introducción —
El lenguaje como herramienta del pensamiento

Como padres, siempre queremos brindar lo mejor de la vida a nuestros hijos. Con ello, buscamos las mejores herramientas para potenciar su desarrollo físico y mental. Aprovechamos los innumerables beneficios del avance tecnológico, médico y educativo. Averiguamos cómo nuestros hijos pueden experimentar y participar en todas las oportunidades disponibles para ellos. No obstante, no siempre se cree que el lenguaje es una habilidad en la que debamos prestar atención, reflexionar y fomentar su potencial de desarrollo. Creemos que el lenguaje ocurre por sí solo y se aprende sin esfuerzo. En parte esto es cierto, puesto que como seres humanos tenemos una capacidad biológica para aprender el lenguaje, aunque esta capacidad pueda tener trayectorias no tan favorables según el contexto en el que se desenvuelve el niño. El lenguaje podría tener retrasos por diferentes motivos, como alteraciones en el neurodesarrollo que pueden ser de origen biológico, o bien, por irregularidades en el ambiente social. Hoy en día, las academias de pediatría reportan una incidencia mucho más alta de retrasos en el lenguaje de los niños antes de los tres años. También la Asociación Americana de Habla, Lenguaje y Audición/ *American Speech-Language-Hearing Association* (ASHA, por sus siglas en inglés), la más grande sobre problemas de habla y lenguaje en el mundo, reporta la misma situación. Aunque la tasa de dichos problemas va en aumento, poco se hace por detectarlos en etapas tempranas. A pesar de su impacto a largo plazo para aprender no sólo a hablar sino a escribir, de su importancia para tener éxito escolar, para tener mayores posibilidades de hacer una carrera universitaria, para disminuir la tasa de desempleo a nivel nacional (Reilly, et. al., 2014), los problemas del lenguaje y su identificación no forman parte de las prioridades nacionales en México ni en otros países latinoamericanos. Por tal motivo, no se realza la necesidad de identificar los problemas mediante algún programa sistematizado, con el objeto de poder hacer intervenciones tempranas. Estas son un derecho que tienen los niños para mejorar las habilidades comunicativas y con ello, facilitar los logros académicos y sociales.

¿Pero cómo saber si el retraso expresivo del lenguaje de nuestros hijos debe preocuparnos? ¿Hasta dónde es necesario pensar en un programa de actividades de intervención para promover el desarrollo del lenguaje? Estas son algunas preguntas que todos los profesionales relacionados con el desarrollo infantil debemos hacernos cuando existe la más leve preocupación sobre esta habilidad del pensamiento. Son también preguntas que frecuentemente escuchan los especialistas en contacto con el desarrollo infantil. En este libro se pretende dar respuestas a estas preguntas, en espera de desvanecer la idea de que los retrasos en el lenguaje NO son importantes.

El libro abarca varios capítulos, unos sobre el desarrollo típico y otros sobre el atípico. En el capítulo uno se tocan temas como la pragmática, la imitación, el juego, así como algunos de los factores más importantes que influyen en el desarrollo del niño, por supuesto, enfocado al desarrollo lingüístico. El capítulo dos habla de la importancia de los gestos como los precursores de la adquisición. Aunque hay múltiples clasificaciones, no se trata más que dar un panorama general y sólo he tomado la que me parece más clara. El capítulo tres resume cuáles son los hitos esperables del lenguaje en los primeros tres años de vida, desde una perspectiva funcionalista. Este capítulo es fundamental para poder dar paso al capítulo cuatro, en el que se mencionan algunas causas del retraso del lenguaje, algunas características, así como los retos para identificar a los niños que se tardan en hablar. En el capítulo cinco se describe por qué ningún padre o madre debe esperarse para comenzar con la intervención. Además se señala cómo una intervención se vuelve efectiva con ayuda de los padres, a quienes reconocemos como los mejores aliados. Es por eso que en el capítulo seis se habla y se insiste en cómo algunos factores que dependen de los padres y cuidadores influyen para bien (pero también para mal) en el desarrollo del lenguaje. Este capítulo pretende dar una perspectiva a los padres de cómo al mejorar ciertas condiciones en el ambiente pueden también mejorar la condición del lenguaje de su niño. El capítulo siete es el más técnico y sugiere varias estrategias que siempre he considerado útiles al dar sesiones de intervención. Con el conocimiento de varias técnicas, junto con la ayuda de los padres-socios se puede ofrecer una intervención centrada en la familia. El enfoque es ecológico, puesto que se proponen contextos naturales para la familia y el niño para estimular el lenguaje, donde la cooperación y la intención es la base de la comunicación. El último capítulo resume varios de los programas de intervención existentes en el mundo que han sido útiles para cambiar la trayectoria de los hablantes tardíos mediante la ayuda de los padres. En ese mismo capítulo se describe el origen del programa de actividades recomendadas y las características de la propuesta que nosotros utilizamos. Finalmente se dan algunas recomendaciones paso a paso, sesión por sesión sobre cómo estimular el lenguaje. Estas recomendaciones han sido descritas de forma muy llana, pero no por ello dejan de tener evidencia científica. Quien utilice las recomendaciones de las sesiones podrá regresar a los primeros capítulos para buscar el respaldo científico que se describe en cada objetivo abordado.

Habría mucho más qué decir en este libro y de entrada reconozco que hay una enorme cantidad de información también útil que ha quedado fuera, pues todos los trabajos tienen un terreno delimitado, muchas veces por el espacio. Pero la enorme cantidad de referencias bibliográficas que hay en otras lenguas está ahí a la mano, a la vuelta de una búsqueda virtual. Yo he tomado algunas de las clásicas con las que aprendí sobre desarrollo del lenguaje hace mucho tiempo y que siguen vigentes, y otras más actuales de las que sigo aprendiendo y con las que coincide mi mirada.

Deseo de todo corazón que este libro sea útil para ayudar a que germinen las semillas del lenguaje en los más pequeños.

— Capítulo 1: —
Las semillas

La pragmática como punto de arranque

Desde que nace, lo que el bebé hace por naturaleza es sintonizar con el adulto más cercano quien generalmente es su padre y su madre. Su naturaleza comunicativa le permite comenzar a monitorear las reacciones emocionales de sus cuidadores por medio de la voz y de la mirada. Hace ya varias décadas, una joven Elizabeth Bates (1979) señalaba que la cognición, el contexto social y otras habilidades no lingüísticas del ser humano tienen una fuerte relación con el desarrollo comunicativo, especialmente con los procesos de significado (semánticos) y de organización gramatical (sintácticos). Bates sostenía que la pragmática, es decir, el lenguaje y la comunicación usados en el contexto, es lo primero que adquiere un bebé. Y es cierto: comienza a hacer interpretaciones de cómo funciona el mundo social desde los primeros meses de edad. Comienza a entrelazarse con el adulto en las intenciones comunicativas e interpreta a las personas como agentes intencionales. Es un período muy activo sobre el desarrollo de habilidades sociales y culturales, mismas en la que se basa el desarrollo de la comprensión y producción lingüística (Tomasello, Strosberg, & Akhtar, 1996). El lenguaje socialmente compartido entre el adulto y el niño provee información para comprender las intenciones de otros, dándose así un ciclo virtuoso que alimenta la comunicación y el pensamiento. Los niños son seres sociales desde que nacen, pero la comprensión de las intenciones tarda algunos meses en desarrollarse. Desde aproximadamente los cinco o seis meses de edad comienzan a seguir con la mirada las acciones y objetos participantes en la comunicación. Cerca del primer cumpleaños, los niños pueden seguir la mirada de otros para rastrear los objetos y las acciones, y ya son capaces de comprender las reacciones emocionales del adulto.

De acuerdo con Tomasello (2001), la postura social-pragmática pone a la estructura social, a los juegos, rutinas comunicativas e interacciones sociales como el centro para que el niño pueda sintonizar y participar en las actividades que le rodean. La estructura social es clave para que el niño entienda e interprete las intenciones comunicativas del adulto y con ello, que aprenda el lenguaje que está ligado a esas intenciones y a ese contexto en el que se encuentra. La postura social-pragmática le da al niño un papel activo (no pasivo, como se cree) al focalizar la atención cuando interactúa con el adulto. En cada ocasión, el niño intenta entender las intenciones del adulto, aun cuando el contexto es ambiguo. Y es el adulto quien puede facilitar el proceso de desarrollo lingüístico, para lograr construir representaciones mentales donde se "mapea" una forma (palabra) con un concepto (sobre un objeto o una acción).

La necesidad de las interacciones sociales con los padres

¿Por qué es necesario hablar de interacción? Porque no hay lenguaje sin interacción. Las interacciones entre los niños y los adultos que lo rodean influyen el lenguaje de forma crucial. Son tan importantes en el desarrollo que cuando existen interacciones de calidad y se establecen lazos sólidos con los niños, pueden servir como predictores positivos de un desarrollo óptimo en varios dominios. Algunos modelos de parentalidad han sostenido que la calidad de la relación entre el niño y el adulto depende de las características de los padres, de las características propias del niño y las características del ambiente (Belsky, 1984). Esto quiere decir que en cualquier aspecto del desarrollo las interacciones son dinámicas en varios sentidos y en varios niveles que pueden influir positiva o negativamente en el niño (Bronfenbrenner, 1979; Bronfenbrenner & Morris, 2006).

Según varios autores (Roggman et. al., 2013; Vilaseca & colaboradores, 2019) la interacción de los padres se puede agrupar en cuatro dimensiones:

a) *El afecto*, que comprende la expresión de afecto, de las emociones y evaluación positivas del niño.

b) *La capacidad de respuesta*, que incluye ser sensible a las señales y expresiones de los niños, a sus necesidades o intereses, y reaccionar positivamente al comportamiento del niño.

c) *El apoyo* a los esfuerzos de los niños, a la exploración, a la independencia, al juego.

(d) *La enseñanza*, que incluye la estimulación cognitiva, ofrecer explicaciones, conversar con los niños, la atención conjunta y el juego compartido.

En estos estudios se establece una fuerte asociación entre el desarrollo del lenguaje y la capacidad de respuesta de los padres, con la enseñanza y el estímulo cognitivo.

Es necesario enfatizar que los factores tienen un peso que puede variar, dependiendo de las características propias del niño, de sus padres o de ambos. No existe pues un patrón predeterminado y determinista, sino que la red de interacciones puede cambiar debido a las peculiaridades de sus participantes y de su entorno; más aún, puede cambiar y reorganizarse dinámicamente para impactar positivamente en el desarrollo.

Hace muchos años ya, Hart y Risley (1999) describieron algunos patrones de interacción comunicativa en familias norteamericanas. Observaron que los niños están expuestos a diferentes tipos de conversaciones tan solo en el núcleo familiar. En promedio, ellos observaron que los padres suelen dirigirles a sus hijos aproximadamente 150-200 más emisiones que al resto de la gente. Estas emisiones tienden a ser muy ricas y variadas, lo que le da al niño mayor experiencia con palabras y conversaciones. Por ejemplo, los padres dirigen a sus hijos, en promedio, 300-400 emisiones por hora, de las cuales 83 son preguntas, mientras que al resto de las personas con las que los adultos interactúan les dirigen 33 preguntas. Mucho antes de que los niños comiencen a hablar, ya tienen experiencia frente a situaciones sociales y han desarrollado ciertas habilidades, también sociales, como llamar la atención de los padres, tomando turnos, balbuceando o intercambiando miradas y sonrisas. También los padres inician actos comunicativos tocando al bebé para llamar su atención o mediante la manipulación de objetos. Esto no quiere decir que en dichos actos siempre haya lenguaje; de hecho, hay períodos de silencio, aun cuando niños o padres inicien una interacción social.

"Volverse socios" es como Hart y Risley (1999) llamaron a esta danza social en la que los niños son participantes de un mundo social en interacción. Se establece poco a poco una "sociedad" entre los adultos y el niño en un periodo previo a la producción de las primeras palabras. Gracias a ello, el niño comienza a contribuir con sus conversaciones, no sólo al responder con sonrisas y gestos, sino, además, al tratar de responder directamente las preguntas o solicitudes de los padres, cada vez más enganchado en deducir los significados del entorno.

Los padres y la motivación

Los padres y los cuidadores son los principales responsables de motivar al niño e invitarlo a participar en el mundo. Mediante el contacto visual, el intercambio de gestos, sonrisas y expresiones de afecto, el niño y sus padres logran un intercambio comunicativo. Los cambios prosódicos en el habla del adulto también les ayudan al niño a comprender las intenciones de aquél.

Es entonces cuando se desenvuelve un acto recíproco donde los padres ajustan los intercambios comunicativos, según lo que perciben como necesidades de los niños, y los niños participan en las conversaciones de sus padres (Schröder et. al., 2013). Además, la calidad de las interacciones, la disponibilidad, la sensibilidad para percibir las necesidades del niño, así como la pertinencia del material (libros y juguetes) son mecanismos que influyen positivamente en el desarrollo lingüístico (Sylvestre, & Mérette, 2010; Tamis-LeMonda & Rodríguez, 2008).

La importancia de tener los sistemas psicológico y cognitivo íntegros

A la par de las interacciones sociales, el niño necesita tener un sistema cognitivo íntegro que se irá desarrollando con el tiempo. Por ejemplo, la atención y la memoria a corto y a largo plazo, la habilidad para regular y controlar la conducta y los impulsos, además de la capacidad para cambiar y terminar tareas son algunos ejemplos de las funciones ejecutivas que son útiles para comprender cómo funciona el mundo y, con ello, los referentes o entidades, incluyendo a las personas con quienes el bebé establecerá una atención conjunta para sintonizar en un evento determinado (Mundy, & Sigman, 2006). Tomasello (2003; 2008) lo denomina un **terreno en común**, necesario para tener un asiento desde el que se pueda interpretar el mundo social, comunicarse y cooperar entre sí. Desde muy pequeños, los niños pueden entender que en el terreno en común se puede pedir, informar y compartir (acciones, información, sentimientos, actitudes) (Tomasello, 2008).

La atención conjunta funciona como una tríada en la que una parte es el bebé, otra la forman los padres o cuidadores y la tercera es el objeto de interés, como un juguete, un cuento o un evento particular al que el niño presta interés. Desde los 9 meses, los bebés ya logran participar en estas interacciones triádicas (Tomasello, 2000). En este contexto, el gesto deíctico (señalar), la mirada y la palabra promueven la atención conjunta. Las tres partes son necesarias para que la interacción comunicativa fluya:

Es necesario tener un terreno en común, para que el niño pueda interpretar el mundo social, comunicarse y cooperar.

Factores que influyen en el desarrollo del lenguaje

Las características del entorno han sido ampliamente estudiadas y han dado cuenta de factores que pueden poner en riesgo el desarrollo de un niño. Un factor de riesgo para desarrollar algún retraso o problema del lenguaje es, por ejemplo, el nivel socioeconómico, puesto que a éste se asocian otros factores, como poco acceso a recursos educativos, a servicios de salud y una inestabilidad social que lleva a estrés parental. Se sabe, pues, que son niños con un mayor riesgo de desarrollar problemas físicos y psicológicos (Bradley & Corwyn, 2002; Oakes & Rossi, 2003).

Hay datos alarmantes en el mundo. En 2011 se reportó que 200 millones de niños menores de 5 años viviendo en países de bajo y medio ingreso se encontraban en estado de vulnerabilidad por vivir en pobreza, con deficiencias nutricionales y pocas oportunidades de aprendizaje (Walker et. al., 2011). Pero la pobreza no significa falta de ingreso económico, sino carecer de oportunidades para pertenecer socialmente a un grupo, para tener identidad cultural y falta de acceso a la información y la educación (Engle & Black, 2007).

Se ha observado que los hablantes que tienen un ritmo más lento en el uso de gestos, en la adquisición del vocabulario y además un nivel socioeconómico bajo son más propensos a tener dificultades académicas. En cambio, los niños que son hablantes tardíos con poca producción de gestos, pero con un nivel socioeconómico alto suelen nivelarse con el resto de los niños y no tienen dificultades académicas en el futuro (Bradley & Corwyn, 2002; Oakes & Rossi, 2003).

Uno de los efectos más impactantes de la pobreza tiene que ver con el comportamiento de las familias. El bajo nivel educativo puede reducir la posibilidad de proporcionar un contexto estimulante y receptivo. Por ejemplo, el lenguaje en estas familias suele ser más directivo, controlador, lleno de órdenes, oraciones simples, en lugar de explicaciones más elaboradas que permitan al niño comprender las situaciones sociales (Hart & Risley, 1995). En países como México, la pobreza tiene un impacto negativo en esferas del desarrollo, especialmente antes de cumplir el primer año de vida. Este impacto puede perdurar y acentuarse hasta los 5 años (Black, et. al., 2017), puesto que las situaciones de pobreza conllevan falta de apoyo social, bajo nivel educativo que lleva a tener poco conocimiento sobre el desarrollo del niño y también a desarrollar estrategias de parentalidad que son ineficaces (*Centers for Disease Control and Prevention*, 2016).

Pero la buena noticia es que estas condiciones sociales pueden mejorar cuando los padres reciben ayuda; ellos pueden ayudar a su vez a que sus hijos tengan un mejor desarrollo. Por esa razón se han creado programas enfocados en los padres para que se involucren con el desarrollo no sólo del lenguaje, sino de la salud física, cognitiva y psicológica de su hijo.

Se sabe que la intervención temprana puede modificar los patrones de desarrollo infantil. Por ejemplo, hay programas muy exitosos que utilizan el aprendizaje basado en actividades con los niños; es decir, tener la posibilidad de hacer las actividades con ellos en lugar de sólo hacerlas por ellos. Y esto se puede lograr mediante visitas a casa o en sesiones grupales en centros de atención especializada. Cuando estas intervenciones se han hecho con los padres, se ha encontrado que tienden a ser más verbales con los niños, les leen más y les ofrecen más apoyo emocional, lo que indica que su involucramiento es necesario para que los niños se desarrollen mejor (Engle & Black, 2007).

En realidad, no se necesitan juguetes costosos para promover el desarrollo temprano del lenguaje. Actualmente se sabe que las actividades de bajo costo, como contar historias y cuentos, cantar, jugar con objetos de la casa y ver programas educativos junto con los padres, puede proveer experiencias comunicativas a los niños pequeños para promover el desarrollo temprano. Por fácil que parezca, algunos estudios han reportado que solamente la mitad de los niños entre 3 y 4 años que viven en países en desarrollo tienen a un adulto que les lea constantemente. Para niños menores de 3 años, la cifra es mucho menor (Black, et. al., 2017), lo que indica que la intervención mediada por los padres en edades cruciales para el desarrollo infantil es prácticamente nula. En parte, esta poca estimulación está permeada por factores socioambientales, tales como el poco acceso a libros y a juguetes infantiles. Una situación económicamente adversa también pone en riesgo el desarrollo infantil porque los padres están sujetos a niveles más elevados de estrés familiar, dada la precariedad para garantizar la seguridad y el alimento familiar. El estrés familiar puede ser un disparador de actitudes violentas en el hogar, o bien, de un desapego parental.

Además, el entorno puede "imponer" patrones de usos y costumbres, tales como indicar que es "normal" que los niños cursen con dificultades del lenguaje, especialmente en el caso de los retrasos iniciales. Es común en las comunidades latinas que los padres perciban sólo problemas articulatorios (más notables), pero las dificultades gramaticales, como las que se manifiestan en el Trastorno del Desarrollo del Lenguaje (TDL) -antes llamado Trastorno Específico del Lenguaje (TEL)-, pasan desapercibidas casi de forma invisible. Son niños que aun en ausencia de problemas neurológicos, auditivos, cognitivos tienen dificultades notorias en el lenguaje expresivo, principalmente en la gramática (Leonard, 2014). Los niños con TDL sí hablan, pero con omisiones o errores gramaticales principalmente en el uso de las "palabras chiquitas" como clíticos, artículos, preposiciones y morfemas derivativos, para el caso del español (Auza et. al., 2019; Auza et. al., 2018). También tienen errores para formular oraciones largas y complejas y para ordenar correctamente las palabras en las oraciones.

Otros factores de riesgo que se han descrito en población mexicana son el sexo de los niños (que sean varones), la edad (tardía) de la primera palabra, el tiempo que han asistido al preescolar, los años de educación de los padres y la existencia de algún familiar con antecedentes de problemas de lenguaje (Peñaloza et. al, 2019).

Sobre el sexo, el riesgo de cursar con un problema del lenguaje aumenta significativamente si se trata de varones más que en niñas, con una prevalencia de 8% y 6%, respectivamente (Auza & Peñaloza, 2019; Paul, 1991; Rescorla & Schwartz, 1990; Tomblin et. al., 1997; Zubrick et. al., 2007).

Sobre la edad de aparición de la primera palabra hay mucho qué decir, pero sólo diremos que ha sido uno de los marcadores clínicos de mayor importancia en la historia de la detección del retraso del lenguaje (Horwitz et. al., 2003; Paul, 1996; Rescorla, 1989; Rescorla, & Dale, 2013, entre otros). En términos de desarrollo es bien sabido que alrededor del año de edad aparecen las primeras palabras sueltas (Goldfield, & Reznick, 1990; Rowland, 2014) y si no existe un repertorio mayor de 50 a los 24 meses, se puede considerar como un retraso significativo.

Sobre la asistencia a preescolar se ha comprobado en varios estudios que si el niño no asiste de forma regular al preescolar o centro de desarrollo infantil es más probable que pueda tener el riesgo de presentar un retraso o problema del lenguaje. Dicho de otra forma, el que el niño acuda a un centro de desarrollo o al preescolar (más que su cuidado en casa por los padres o cuidadores) se convierte en un factor protector contra el riesgo de tener retraso o problema del lenguaje, puesto que en dichos centros se encuentran profesionales relacionados con el desarrollo social, físico, intelectual y emocional del niño (Collison et. al., 2016).

Sobre la educación de los padres hay múltiples estudios que han reportado la importancia que tiene en el desarrollo en general del niño, pero muy especialmente en el lenguaje. Hay un efecto protector de la educación de los padres, sobre todo de la madre, en el desarrollo cognitivo (Walker et. al., 2011; Wachs et. al., 2011). Los padres con mejores niveles de educación tienden a estar mejor informados sobre qué esperar en el desarrollo de sus hijos (Tamis-LeMonda et al., 2001). Además, suelen contar con una red social de apoyo para criar a sus hijos y más acceso a redes de apoyo de calidad en salud y educación (Bishop, 2014; Pelchat Bisson et. al., 2003). Por el contrario, los padres con menos nivel escolar suelen encontrarse en una situación restringida económicamente y deben dedicar más horas a trabajar, a estar fuera del hogar y en consecuencia, a invertir menos tiempo a las interacciones con sus hijos (Vinson, 2012). En un estudio reciente se mostró que la escolaridad tiene un efecto sobre la percepción parental sobre todo en niños con sospecha o probabilidad de cursar con un trastorno del lenguaje. Los padres con mayor escolaridad tienen mayor habilidad para identificar entre uno y tres signos de alerta en sus hijos, cantidad sensible para identificar a niños que muy probablemente requieren apoyo terapéutico de lenguaje (Peñaloza, Auza & Murata, en prensa). Esto parece corroborar la idea de que los niños con dificultades de lenguaje provenientes de familias con menos años de escolaridad cuentan con menos posibilidades de ser detectados, o al menos de que sus padres puedan identificar el problema y buscar ayuda pertinente. No debe descartarse, asimismo, la explicación de que los niños con problemas de lenguaje sean muy probablemente hijos de padres con antecedentes de trastorno del lenguaje.

A pesar de la existencia a veces inevitable de estos factores, hay una buena noticia y es que la mayoría de las dificultades del lenguaje son superables. Ahí es donde los programa de actividadess de intervención y las terapias del lenguaje tienen su aportación. Es posible intervenir favorablemente en el proceso de desarrollo y acomodación entre la persona y el ambiente, para impactar de forma positiva en su desarrollo.

Reencuentro con la imitación

Desde hace mucho tiempo, la imitación ha sido objeto de estudio. En los años sesenta, Bandura (1969) explicaba la importancia de la imitación como una habilidad para el aprendizaje escolar. No obstante, las teorías que predominaban en ese momento asumían que los refuerzos externos (conductistas) y la observación de las acciones de los demás eran más importantes que los procesos internos (cognitivos). Poco a poco, otras teorías integraron la importancia de la interacción social y también de la cognición, a lo que se le llamó posteriormente teoría cognitivo-social. Bandura señalaba que el medio social intervenía en el proceso de aprendizaje observacional. En este punto coincidió con Vygotsky, otro defensor de que el aprendizaje está mediado por el factor social (externo). Ya antes, Piaget (1945) había expresado que el acto de imitar es una de las primeras representaciones simbólicas (proceso interno). Y como cualquier representación simbólica, es la suma de una dinámica muy compleja que evolucionando con el tiempo y la experiencia: se adquiere lo que se gana y se deja atrás lo que ya no es útil. En términos piagetianos, se acomoda y se asimila la información en forma de una espiral ascendente, para que haya una evolución en el aprendizaje. Esta acotación es precisa para explicar que la imitación es necesaria en la infancia tanto para el aprendizaje de muchas habilidades como para la comunicación humana. A diferencia de Bandura, quien con el tiempo enfatizó cada vez más la importancia de la imitación social, Piaget (1962) resaltaba la importancia de los mecanismos cognitivos (internos) para el aprendizaje. Fue entonces cuando la imitación cobró un papel protagónico en el estudio de las funciones cognitivas esenciales para lograr el aprendizaje, mediada por la observación de las acciones de otras personas que funcionan como un modelo para el aprendizaje.

Aunque parezca sencillo, la imitación requiere de diferentes habilidades biológicas y sociales. La imitación del recién nacido ha sido empleada como evidencia de un mecanismo neurológico especializado conocido como "sistema espejo" existente en primates (Decety et. al., 2002) que se basa a su vez en "neuronas espejo" (Rizzolati et. al., 1996). La actividad peculiar de estas neuronas se pone en marcha en el cerebro del observador mediante la ejecución de las acciones que realiza otro individuo. Las neuronas espejo parecen tener funciones sensoriales y motoras, dos propiedades importantes para la imitación en humanos.

La imitación no sólo es una reproducción de gestos y acciones guiados por las mismas intenciones y estrategias de aquél que las produce en primer lugar (Nadel, 2014). La imitación también es la copia de las reacciones emocionales de otros. Por ejemplo, la empatía es un acto mental muy complejo en el que somos capaces de ponernos en concordancia emocional con otra persona, lo que promueve lazos sociales. Pero la imitación también es la reproducción no inmediata (diferida) de acciones; es la reproducción no en el presente, sino en otro momento en el que no es necesario tener al modelo frente a uno. Esta imitación tardía de una acción, o fuera del lugar y momento de su primera aparición, requiere que se mantenga en la memoria y que se forme poco a poco una representación mental. Es decir, el bebé puede comprender que una imitación tiene una función social, que a su vez se basa en diversas funciones cognitivas.

Uzgiris (1981) observó que los intercambios comunicativos entre una madre y su bebé en los primeros meses de edad son muestras de una "proto-conversación" en un contexto social (como factor externo del individuo).

En los años setenta, Meltzoff y Moore (1977) llamaron la atención al publicar sobre bebés que tenían días de nacidos y que podían imitar movimientos faciales, como sacar la lengua. Un hecho interesante es que desde los 6 meses de edad comienzan a seguir con la mirada los objetivos de las acciones (Kanakogi & Itakura, 2011). A los 7 meses de edad fijan su atención en las expresiones faciales de su interlocutor. A esta edad, los bebés pueden imitar acciones familiares con objetos familiares (Barr et. al., 1996), gracias a su capacidad para reproducir acciones que ya saben hacer. Pero los bebés, de tan sólo observar, pueden darse cuenta de los objetivos de las acciones de otras personas, más que de los detalles físicos de la acción en sí (Biro & Leslie, 2007).

Imitar actos o movimientos diferentes a lo que estamos acostumbrados permite que se desarrollen estrategias del pensamiento como la *transferencia*. Por ejemplo, puede realizarse la acción de ponerse un zapato en el pie como un movimiento tan común que podríamos hacerlo sin pensarlo. Pero ponerse una bolsa en el pie es una "acción simbólica" (Nadel, 2014) a la que no estamos acostumbrados, en la que se transfiere la acción de "meter" en un objeto no esperado (o no canónico). Este tipo de imitación sucede alrededor de los 9 meses de edad, y alrededor de los 10 meses comienzan a prestar atención en los objetos y su utilidad (Libertus, et. al., 2016).

Los estudios de Meltzoff (1985; 1995) también continuaron explorando la imitación en bebés de aproximadamente 14 meses de edad, como una habilidad de aprendizaje social en la que se entienden las intenciones de los otros y como una medida no verbal de memoria y representación. Este estudio cobró relevancia en el campo de la investigación, porque se entendió la habilidad del bebé para imitar actos completamente nuevos y no canónicos, con la hipótesis subyacente de que reproducir actos nunca vistos tiene mayor dificultad cognitiva que imitar actos familiares para el bebé (Killen & Uzgiris, 1981; Masur & Ritz, 1984; McCabe & Uzgiris, 1983).

Los bebés pueden realizar acciones con los objetos, de la misma forma que lo hace un adulto, imitando no sólo la acción, sino la intención comunicativa. Para poder entender dicha intención, es necesario que el niño tenga contextos de donde pueda comenzar a inferir y predecir los objetivos de realizar una acción (Kanakogi & Itakura, 2011). Es entonces que, durante los dos primeros años, el niño entiende la "estructura de un evento/acción" y pueden comprender cómo se relacionan las funciones de los objetos con los objetos mismos. Gracias al aprendizaje por observación, pueden imitar las intenciones de las acciones desde los 18 meses de edad (Meltzoff, 1995; 2007). Este tipo de respuesta pone en evidencia que los bebés son sensibles a los actos sociales de los demás (Moll et. al., 2007). Con ello se ponen en marcha otro tipo de actividades más sofisticadas como la capacidad para imitar por placer aquellas acciones que le son familiares (Nadel, 2014) y se da lugar a eventos como el juego, tan fundamentales para el desarrollo de las relaciones sociales, del pensamiento y del lenguaje.

El significado en el hacer (The meaning in the making)

Cuando David P. Wilkins visitó México en 2003 nunca imaginé que el curso que impartió tuviera un impacto tan significativo en mi quehacer terapéutico. El curso dirigido a lingüistas tenía el objetivo de hablar sobre la semántica de la comprensión (*Semantics of Understanding, U-Semantics*); es decir, lo que significan las representaciones conceptuales que se construyen en nuestro campo mental. Un punto esencial transmitido en ese curso fue la idea de que construimos emisiones que están cargadas de una interpretación del mundo que nos rodea. Las representaciones mentales se construyen y se almacenan a partir de la interpretación de la realidad a través de nuestra experiencia, pero a la vez, la realidad se basa en un sistema de creencias que la sociedad y la cultura en la que estamos inmersos han filtrado para nosotros (Wilkins & Hill, 1995).

Bajo este marco teórico es importante comprender que una representación mental es un proceso individual que se va construyendo con las acciones y está filtrado por la pragmática, por la interpretación del hecho y se encuentra en concordancia con el contexto sociocultural. Para Wilkins, la pragmática es un proceso -en el acto- que afecta el significado, porque toma información del contexto sociocultural, el cual ya contiene estructuras de significado que comparten los hablantes. Entonces, la pragmática se ocupa de las diversas operaciones mentales que se llevan a cabo en línea -*online*-, en las que se consideran piezas de información física, temporal y social, información sobre la relación previa entre el hablante y el oyente, la información que ambos comparten, el tipo de interacción e intercambio comunicativo.

Por otro lado, la semántica no focaliza sobre el proceso en línea, sino en la información de las estructuras de significado convencional que son las representaciones mentales y que podríamos interpretar que se encuentran *offline* (Wilkins & Hill, 1995).

Pero ¿por qué hablar de semántica y pragmática en la adquisición del lenguaje desde esta perspectiva? A grandes rasgos, porque el niño, al nacer, ya se encuentra ubicado en un contexto social y cultural que influirá en su propio desarrollo lingüístico. Sabemos que la pragmática arranca desde las primeras semanas de vida y el niño comienza a hacer hipótesis sobre el mundo que le rodea. Al ser un individuo intrínsecamente social, comienza por interpretar su mundo social, de las relaciones que se entablan con sus cuidadores y familiares más cercanos. Comienza la danza de la interpretación en línea para construir estructuras con significado convencional.

También desde esta perspectiva es necesario resaltar que "hacer" es "construir" y se "hace" imitando lo que nos rodea. El movimiento es un acto reconocible que contribuye a la comunicación y promueve una secuencia de interacción social que conlleva una acción social reconocible (Enfield, 2009). Para varios investigadores del desarrollo comunicativo, es a partir del movimiento de donde surge la comunicación con intención. Gracias a ello, el bebé imita, desde muy temprana edad, las vocalizaciones que sus padres le dirigen, imitan gestos y actos que lo llevan a aprender. Más tarde imitarán las acciones de los adultos mediante el juego natural y el juego simbólico.

La importancia del juego en el lenguaje

El juego es una actividad libre, espontánea, voluntaria, ideal para la exploración, invención y recreación. Es útil para aprender mediante los retos que se le presentan al niño, de tal forma que el adulto, desde la perspectiva del niño, pueda facilitarle el aprendizaje del mundo que le rodea. El niño comienza con juegos funcionales o presimbólicos, lo que significa que todavía no tiene una representación mental de lo que hace, sino que son experiencias lúdicas con los objetos (Romero, 2009). Entre el año y los dos años de edad, el niño explora el mundo, sobre todo mediante la exploración táctil de las cosas que están a su alcance. Aprende sobre diferentes texturas, sabores y olores, atributos que en un corto plazo se verán asociados con una etiqueta (por ejemplo, suave, dulce son etiquetas que se asociarán con diversos objetos del mundo). Poco a poco el juego adquirirá otro perfil hasta volverse simbólico.

El juego simbólico, que es la habilidad del niño para imitar situaciones de la vida real y "jugar a ser" otras personas, es un tipo de juego más avanzado en el que generalmente se usan objetos "para fingir", para "jugar a ser", para "hacer como si". Se juega a ponerse un cubo en la oreja para fingir que es un teléfono o ponerse tacones y unos lentes para fingir ser la madre o la maestra. Este tipo de juego es el inicio del funcionamiento cognitivo y aparece entre el primer y el segundo año de vida. El juego simbólico se relaciona con el desarrollo de las representaciones mentales y estimula la imaginación y la interacción social. El niño a esta edad ya sabe distinguir la realidad de la ficción o fantasía, ya sabe que él mismo puede ser quien finge o actúa en un escenario de la vida real (Bretherton et. al., 1984). Hace ya varias décadas que se sugirió que el juego simbólico y el lenguaje se desarrollan de forma paralela, puesto que ambos necesitan de la capacidad de comprender simbólicamente los objetos y los eventos (Piaget, 1962) y que la aparición de las primeras palabras sucede al mismo tiempo que la aparición del juego simbólico (Bates, 1979).

En un metaanálisis reciente se encontró que el juego simbólico y el lenguaje se correlacionan especialmente antes de los 3 años, aunque la asociación perdura hacia los 5 y 6 años. También se observó que el juego simbólico se relaciona más fuertemente con la comprensión del lenguaje, sobre todo en los primeros años de vida (Quinn et. al., 2018).

Además de la importancia del juego infantil en general, en el desarrollo del niño, el juego simbólico en particular puede ser útil en la intervención del lenguaje. No obstante, es necesario que el adulto tome la perspectiva de juego del niño y que sea el adulto quien se incluya en las necesidades y propósitos del niño (más que a la inversa). Además, el adulto debe ser consciente de que el enriquecimiento constante del juego mediante acciones y lenguaje, como ofrecer modelos, propuestas y hacer que el niño sea un participante activo (y no pasivo esperando órdenes del adulto) es lo que hace la diferencia hacia una intervención efectiva (Romero, 2009).

> **RESUMEN**
> - La pragmática es el primer nivel lingüístico que adquiere un bebé, pues, por su naturaleza social, desde pequeño comienza a formular hipótesis sobre las intenciones comunicativas de los adultos.
> - El desarrollo óptimo del niño depende de la integridad de sus sistemas cognitivo y psicológico, así como de la calidad de las interacciones que mantenga con el adulto.
> - Existen factores ambientales que ponen en riesgo el desarrollo típico del niño, por lo que se han diseñado programas de estimulación mediada por los padres, con el objetivo de reorganizar las interacciones y modificar los patrones de desarrollo.
> - La imitación es una representación simbólica de acciones y reacciones emocionales. El niño comprende que tiene una función social subyacente, y aprovecha las múltiples exposiciones en diferentes contextos para predecir su propósito comunicativo.
> - El juego simbólico marca el inicio del funcionamiento comunicativo y se relaciona con la comprensión del lenguaje, de ahí que sea una herramienta fructífera en las prácticas de intervención.

— Capítulo 2: —
Los primeros frutos de la comunicación

Hacer gestos: precursor de la producción de palabras

> El mundo era tan reciente que muchas cosas carecían de nombre y para mencionarlas había que señalarlas con el dedo"
> García Márquez

Cuando hablamos, sobre todo en culturas como la mexicana, adultos y niños utilizamos gestos con nuestras manos para expresar algunos aspectos del significado que queremos transmitir. A lo largo de los años, los gestos en los niños han mostrado ser una clara manifestación de las habilidades comunicativas y simbólicas (Acredolo & Goodwyn, 1985; Bates et. al., 1979; Thal & Tobias, 1994, entre otros).

De forma contraria a como se creía hace algunas décadas, el gesto es un promotor de la comunicación oral por sus implicaciones cognitivas. Ha sido identificado como un acto fundamental del desarrollo cognitivo y social que despliega una habilidad de intención compartida (Bates, et al., 1979; Tomasello, 2006). Los gestos tienen diferentes funciones cognitivas (McNeill, 1992; 2000), porque ayudan a construir el significado (Kita, 2000) y a "compactar" el significado de una idea con tan sólo un movimiento manual. El gesto básico de la intención comunicativa es el de señalar, que surge meses antes de que el niño produzca su primera palabra.

Previamente se demostró que los gestos juegan un papel importantísimo en el procesamiento del lenguaje. Por ejemplo, las ocasiones en que el gesto se produce al mismo tiempo que la palabra, el niño puede comprender mejor ésta última cuando se acompaña del gesto que cuando este no se produce (Woodall & Folger, 1985). Un niño puede escoger comunicarse únicamente a través de gestos, únicamente a través del habla o puede combinar ambos. Iverson (2010) afirmó que una palabra será parte del vocabulario de un niño, primero en forma de gesto y con el paso del tiempo lo transferirá hacia un acto de habla (palabra); en palabras del autor, el gesto es un *mecanismo de transición*. Los gestos además se vinculan tanto con la memoria de trabajo visual como con la producción del lenguaje oral (Trafton, et. al., 2006). Esto lleva a la idea de que podrían existir patrones neurales de activación de la memoria de trabajo visual (en este caso) que se van incrementando con la edad (Gathercole et. al., 2004), lo cual sería fundamental para ayudar a la construcción de un mensaje lingüístico, aun cuando se trata de una sola palabra. En el caso de los niños con retraso del lenguaje, con retraso inclusive en el uso de gestos, podría deberse a una limitada capacidad de la memoria de trabajo, que mucho se ha vinculado a los problemas del lenguaje en edades posteriores. Esto se asocia con algunos supuestos teóricos que asumen una relación directa entre la memoria de trabajo visual y la producción de gestos icónicos (Trafton et al., 2006).

Desde hace ya muchas décadas se ha sostenido que el uso de gestos es precursor del uso de las primeras palabras (Bates et. al.,

1979). La razón detrás de esta relación es que los niños antes de cumplir su primer año pueden sostener una intención comunicativa con sus padres y cuidadores y dirigir su atención mediante los gestos. Ya a los 11 meses de edad, las vocalizaciones junto con los gestos de los bebés sugieren que ambas producciones coordinadas son indicadoras de una intención comunicativa. Cuando coordinan vocalizaciones y gestos, es más probable que los padres o cuidadores respondan con una respuesta oportuna y contingente. Por mucho, la combinación de la vocalización coordinada con la mirada del bebé y la respuesta de los padres, es el mejor predictor del tamaño de vocabulario a los dos años de edad. Este tipo de comunicación intencional facilita el paso hacia el uso de símbolos (Donnellan et. al., 2019).

Los bebés transmiten intenciones como mostrar objetos, dar o solicitarlos, estableciendo un intercambio comunicativo dinámico donde la interpretación y responsividad del padre es fundamental, para interpretar que, aquello que se señala tiene un nombre. Es el inicio del desarrollo simbólico y el bebé comienza a afianzar la idea de que hay una relación entre palabras y objetos (Goldin-Meadow, 2007). De hecho, se ha demostrado que muchos objetos que fueron señalados previamente por los niños son aquéllos que aparecieron como palabras producidas unos meses después (Iverson & Goldin-Meadow, 2005). Con ayuda de los gestos, los niños aprenden rápidamente que "las palabras van con los objetos". Su uso les facilita comprender que "las palabras pueden sustituir a los objetos" estén o no estén presentes al momento de hablar de ellos (Werker et. al., 1998). Por tal motivo, cuando se expone al niño a encontrar "pares" entre palabras y objetos mediante el gesto de señalar, se promueve esta transición de que "las palabras van con" hacia "las palabras sustituyen a" los objetos (Acredolo & Goodwyn, 1990). Así, se logra la representación simbólica como un prerrequisito cognitivo necesario antes de comenzar a nombrar objetos (Rowe & Goldin-Meadow, 2009a, 2009b). Además, se ha encontrado que tanto las palabras como los gestos simbólicos se procesan en el mismo lugar del cerebro (Xu et. al., 2009), específicamente en el giro temporal medio (Papeo et. al., 2019). Y esta es una de las razones por las que se cree que el uso de gestos simbólicos puede predecir la aparición de las palabras y sus representaciones mentales (Acredolo et. al., 2000; Kuhn et. al., 2014; Rowe, & Goldin-Meadow, 2009b).

El tema de los gestos resulta sumamente interesante porque hablamos de la construcción de los significados y sus representaciones mentales, con ayuda de otra función ejecutiva como la memoria de trabajo. La fuerza de las representaciones simbólicas se incrementa al dirigir la atención mediante el nombramiento o etiquetamiento del objeto. El gesto puede fungir como un facilitador para recordar el lenguaje y no sólo como un modo de comunicarse. Cuando se mantiene en la memoria de trabajo el movimiento visoespacial del gesto (Stevanoni & Salmon, 2005), se activan algunos rasgos sensoriomotores prelingüísticos de las palabras, lo que facilita el lenguaje oral (Morsella & Krauss, 2004).

Tipos de gestos en la adquisición temprana

Cuando los niños aprenden a utilizar diferentes tipos de gestos, lo que expresan es un avance en el desarrollo de su pensamiento simbólico. Veamos pues los diferentes tipos de gestos que se necesitan desarrollar a temprana edad. Muchas son las clasificaciones sobre los gestos que se han elaborado a lo largo de los años. Pero para conveniencia de este libro se describirá la clasificación de Capirci, Iverson, Pizzuto y Volterra (1996), pues es útil para entender no sólo el tipo de gestos, sino, además, aquéllos con funciones relevantes en la comunicación.

De acuerdo con Capirci y colaboradores (1996), la producción gestual se clasifica en gestos deícticos y gestos simbólicos (también llamados representacionales).

Gestos deícticos

El señalamiento es uno de los gestos más importantes en la comunicación oral temprana (Liszkowski & Tomasello, 2011). Ya alrededor de los 9-10 meses, los niños han desarrollado gestos comunicativos tales como señalar, dar o mostrar un objeto con el dedo (Iverson & Goldin-Meadow, 2005). La imitación es un proceso cognitivo y social que influye en el acto de señalar e interviene en la habilidad del niño para seguir y monitorear al adulto. Se sabe que señalar entre los 9 y los 16 meses es predictor de las habilidades que tendrá el niño para comunicarse en los dos años siguientes (Iverson & Goldin-Meadow, 2005; Özçalişkan, Goldin-Meadow, 2005). Su uso frecuente (con la mano extendida o solamente con el dedo índice) durante el inicio del segundo año de vida se asocia con un desarrollo típico, pero si no se usa este gesto o si va acompañado de un lenguaje expresivo reducido, se asocia a un retraso en el desarrollo de las habilidades comunicativas (Rowe, Özçalişkan & Goldin-Meadow, 2008).

Mediante estudios de meta-análisis se ha confirmado la importancia especialmente del uso del gesto deíctico (señalar con el dedo) para predecir la producción de lenguaje (Colonnesi et. al., 2010). En un estudio longitudinal efectuado en Alemania (Liszkowski & Tomasello, 2011) se analizó a un grupo de niños con desarrollo típico de las habilidades comunicativas y a un grupo de niños con retraso del lenguaje entre los 12 y los 21 meses de edad, a través de la observación en un escenario seminatural. El objetivo del estudio fue examinar el número y el tipo de gestos que podrían ser indicadores de un retraso en el lenguaje durante el segundo año de vida. En los niños con desarrollo típico se registró un aumento significativo del gesto deíctico entre los 12-16 meses y hasta los 12-18 meses. Por el contrario, en los niños con retraso de lenguaje dicho incremento se registró durante los 12-18 y hasta los 18-21 meses. Estos resultados indican que los niños con retraso comunicativo y del lenguaje también tienen un retraso en el uso de este tipo de gesto y aumentan su uso tardíamente.

Gestos simbólicos o representacionales

Son gestos que constituyen acciones físicas que representan objetos y eventos. Representan la forma o función de un referente (por ejemplo, brazos extendidos a los lados del cuerpo, moviéndolos hacia arriba y hacia abajo para referirse a un pájaro). Estos gestos surgen entre los 12 y los 15 meses y son útiles para activar la comprensión de las funciones de los objetos.

De acuerdo con los hitos del desarrollo de habilidades comunicativas, los gestos de los bebés a los 12 meses empiezan a ser visiblemente más intencionales y con frecuencia los realizan con énfasis, acompañados también de los sonidos que se producen con las primeras palabras aisladas. A los 13 meses ya observan a las otras personas para imitar lo que hacen o dicen y aprenden gestos convencionales como aplaudir y mandar besos. De acuerdo con otros autores, estos últimos gestos son sociales y son parte de las rutinas sociales. "Jugar a ser adulto" es una rutina social; un niño que arrulla a un oso expresa la comprensión del uso de los objetos y las funciones sociales de los mismos (Piaget, 1962). Generalmente surgen en el juego y sólo aparecen unos meses después de los gestos deícticos.

Un proyecto titulado *First Words Project* (2015) sugiere que los bebés a los 16 meses tendrían que utilizar mínimamente 16 gestos (y según los datos de niños mexicanos, entre 28-40 gestos) (Jackson-Maldonado et. al., 2003). También es común que a los 18 meses ya realicen juego simbólico como jugar a dar de comer a las muñecas o los animales de peluche.

Funcionalmente hablando, el gesto puede ser de tres tipos (Özçalışkan, Goldin-Meadow, 2005):

1. Relación de Refuerzo. Cuando el gesto expresa información redundante. Ejemplo: "Globo" (señalar el globo).
2. Relación para Desambiguar. Cuando el gesto aclara la información. Ejemplo: "esta" + señalar (a una pelota entre varias).
3. Relación Suplementaria. Cuando el gesto agrega más información al mensaje expresado oralmente. Ejemplo: "no hay" + levantar una taza. Esta relación sucede como una etapa previa a la combinación de palabras.

En la transición entre el uso de gestos y el uso de palabras, el niño está construyendo a una velocidad exorbitante (alrededor de una palabra cada 90 minutos) un repertorio de vocabulario que forma su acervo mental. Es una etapa de cambio en las habilidades cognitivas que marcan un avance en la comunicación. Con el uso de gestos se construye un puente hacia el uso de las palabras. Entre los 20 y los 30 meses de edad, existen múltiples expresiones que los niños escuchan y pueden usar junto con los gestos, como los adverbios locativos deícticos (aquí, acá, allá, allí), adverbios topológicos no deícticos (arriba, abajo, afuera, adentro), entre otros. Es común encontrar en el lenguaje infantil de esta etapa que empleen expresiones locativas, cuando el niño participa en diversas prácticas lingüísticas como la localización o identificación de objetos/juguetes/personas, solicitudes de cambio de ubicación de los objetos, o bien, respuestas o preguntas sobre la ubicación de dichos objetos/juguetes/personas. El uso de estas expresiones locativas les permite al niño y a su interlocutor compartir información y atención, desplegar la intención compartida al tener un intercambio comunicativo (Rojas, 2019).

Los gestos como precursores de la combinación de palabras

También se ha visto que el uso de estos gestos tempranos no sólo predice la cantidad de palabras, sino la combinación de palabras que se producen meses después (Iverson & Goldin-Meadow, 2005; Rowe et. al., 2008). Previo a la aparición de combinaciones de dos palabras, existe una frecuente producción de combinaciones de gesto + palabra en niños que dicen una sola palabra (Butcher & Goldin-Meadow, 2000; Capirci et. al., 2005; Iverson et. al., 2008). Inicialmente, los niños pueden combinar palabras con gestos cuyos significados son equivalentes (por ejemplo, sacudir la cabeza mientras dicen la palabra "no") o con significados suplementarios (señalar la taza mientras dicen la palabra "taza"). Un poco más tarde en el desarrollo, los niños comienzan a producir combinaciones de gestos + palabras, con información diferente que cada palabra proporciona (señalar la pelota mientras dice "allá"). Estas combinaciones son interesantes porque la información proporcionada por ambos se enriquece, de la misma forma que lo hará la combinación de dos palabras en la sintaxis inicial. Esto quiere decir que los niños están cognitivamente listos para combinar palabras (Iverson, 2010).

La noción de "suplemento" de la información entre gesto y palabra es relevante en el caso de los niños con retraso en el desarrollo comunicativo, como puede tratarse del retraso global del desarrollo. Por ejemplo, los niños con síndrome de Down podrían combinar gestos y palabras con la misma frecuencia que los niños con desarrollo típico. Pero si se compara la cantidad de combinaciones suplementarias, éstas son casi inexistentes entre los niños con síndrome de Down. La casi inexistencia de combinaciones de gestos y palabras suplementarias en los niños con síndrome de Down podría predecir, ya en la etapa de combinación de palabras, un retraso en la transición del uso de una sola palabra al uso de dos (Iverson, 2010).

De la misma forma, en los niños con riesgo de tener la condición del espectro autista (TEA) pueden contar con un repertorio más restringido de combinaciones de gestos y palabras, lo que sugiere que existe una habilidad menor para coordinar ambas modalidades de gestos y de palabras (Parladé & Iverson, 2015).

Dichosas palabras: Aprendiéndolas en el flujo de la interacción social

La adquisición del significado de la palabra

Aunque puede decirse que el cerebro del humano tiene una predisposición para formar y usar símbolos, son la interacción, el contexto y la experiencia los que permiten crear significados. De esta forma, cada lengua y su comunidad de hablantes crean su sistema comunicativo, según lo que se desea focalizar o llamar la atención.

En la postura social-pragmática se toma la experiencia del niño para formar los conceptos sobre el lenguaje. Las palabras son símbolos lingüísticos que utiliza el hablante para que exprese cómo experimenta las situaciones de modos distintos. Por ejemplo, muchos conceptos sobre el mar pueden variar de acuerdo con la perspectiva: "costa" es para el navegante, lo que "tierra" es para el paracaidista y "playa" para el vacacionista.

Aunque existen diversos acercamientos para el estudio del aprendizaje de las palabras (como la postura innatista que en este libro no se abordará), dos de las principales corrientes cognitivo-pragmáticas (Clark, 2003 y Tomasello, 2001) coinciden en que el adulto contribuye con información social y cognitiva en la búsqueda que hace el niño sobre el significado de las palabras.

El niño vive en un contexto social que le proporciona en buena medida las herramientas para adquirir los significados de las palabras. El contexto social le ayuda a desarrollar la habilidad de mantener la atención y de captar pistas de las emisiones que escucha. Son habilidades para segmentar las palabras en morfemas, y las frases y oraciones en palabras, a partir de secuencias que le resultan familiares. Las pistas provienen de claves físicas y conversacionales: dirección de la mirada, gestos deícticos y simbólicos, expresiones faciales, entre otras. Para poder comprender y deducir sobre el significado de las palabras y emisiones, el bebé supone la intención comunicativa del hablante y la va agregando a su propio conocimiento, que está permeado por regularidades del lenguaje, tanto de sonidos, palabras y expresiones, como de convencionalismos propios de la comunidad en la que vive.

Las inferencias sobre las intenciones que los padres y cuidadores son básicas para la comunicación lingüística y no-lingüística en la adquisición del significado. Ya desde los 10-12 meses, los bebés manifiestan sus intenciones con proto-solicitudes y proto-declaraciones (qué quieren, en qué se interesan, en qué se fijan) muchas veces mediante el señalamiento. También comienzan a usar la mirada como indicador de la atención y para atraer la atención de su interlocutor. Para ello se requiere de la co-presencia física: la ubicación del objeto que provee el foco de la atención conjunta. También se requiere de la co-presencia conversacional, que es el uso de palabras y expresiones relevantes para obtener el objeto deseado en el momento mismo de la conversación.

Se asume que el nombre de un objeto se aprende en un contexto ostensivo: el adulto conscientemente enseña un nombre y muestra su referente. También se sabe que el aprendizaje de los nombres tiene una relación muy importante con las propiedades físicas de los objetos. En el desarrollo típico, los sustantivos que un niño aprende y lo que el niño desarrolla como mecanismos de aprendizaje de las palabras están interrelacionadas. Por ejemplo, las propiedades físicas como la forma de los objetos acelera el aprendizaje de nuevos sustantivos (Colunga & Sims, 2017). Esto sucede con niños en sus dos primeros años de vida, quienes ya han comprendido el proceso de aprendizaje y han comenzado a construir su vocabulario.

Comprender palabras y oraciones

La comprensión del lenguaje es de vital importancia para el desarrollo de las habilidades comunicativas, especialmente de las habilidades expresivas y de la cognición (Thal et al., 1991, Dale et. al., 2003). Para que los niños comiencen a hablar, es necesario que atraviesen por muchas etapas y utilicen diferentes herramientas, como la frecuencia de las palabras, la prosodia o entonación de las palabras y la conexión (también conocida como *mapeo*) entre las palabras y los objetos, lugares o personas a las que se refieren. Para ello, el niño necesita estar expuesto al lenguaje en diferentes contextos, para que este sistema de mapeo se vuelva cada vez más veloz y se incrementen el número y la diversidad de palabras comprendidas.

Los bebés, desde antes del primer año, prestan atención no sólo a las palabras aisladas, sino a las oraciones completas. Prestan atención a la forma en que entonamos la oración lo que les ayuda a saber si afirmamos, pedimos o preguntamos algo. Ya desde los 7 u 8 meses, el bebé ha desarrollado la habilidad para segmentar las palabras dentro de las emisiones que escucha. También ha empezado a entender en qué orden van las palabras dentro de la oración. Desde antes del año de edad, los bebés ya han comprendido y almacenado una buena cantidad de vocabulario y de estructura de oraciones. Se ha comprobado que la adquisición del orden de las palabras (por ejemplo, que los artículos van antes de los sustantivos) comienza mucho antes de que los bebés hayan compilado un léxico considerable. La adquisición de la gramática inicial se puede apoyar en el reconocimiento de pedazos de información, también conocidos como "*chunks*" o frases congeladas (p.e. tómate tu leche) y detectan similitudes entre ellas para derivar nuevas construcciones (por ejemplo, tómate tu agua/cómete tu pan) sobre las que gradualmente generalizan (de la Cruz-Pavía, Marino & Gervain, 2021).

En la comprensión de oraciones, los niños se fijan tanto en las "palabras chiquitas" es decir, los artículos o las preposiciones, como en las "palabras grandes" como nombres de objetos (sustantivos) y palabras de acción (verbos). Antes del primer cumpleaños ya logran distinguir las formas de las palabras funcionales (palabras chiquitas) de las palabras grandes (de contenido) (Hallé, Durand & de Boysson-Bardies, 2008), aunque o las digan todavía. Los padres suelen decir el 80% de nombres de objetos o palabras de acciones junto con las palabras chiquitas (Woodward & Aslin, 1990). Por esta razón es importante que los niños escuchen oraciones completas, aunque no sean capaces de producirlas todavía. Y es importante recordar que además, entre los 8 y los 17 meses de edad, los niños son sensibles a todas las características prosódicas (cómo se entonan) estadísticas (su frecuencia), distributivas (cómo se reparten y relacionan entre sí) y funcionales (sus reglas de uso y combinación) de las palabras grandes y las palabras chiquitas. Por lo tanto, la adquisición de la gramática está íntimamente relacionada con la adquisición del vocabulario y el desarrollo de ambas áreas es completamente interactiva (de la Cruz-Pavía, et al., 2021).

De acuerdo con Clark (2003), los niños emplean dos principios para formar los conceptos de las palabras. En el primero llamado *convencionalidad*, los hablantes asumen que los significados tienen formas convencionales que se usan en la comunidad. Encuentran que las palabras diferentes significan cosas diferentes. El segundo es el principio de *contraste*: Si se usan formas diferentes a las convencionales, el niño asume que la palabra significa algo diferente porque la pone en contraste con la palabra ya familiar. Se requiere estabilidad en la convención del lenguaje y se requiere contraste para hacer efectiva la comunicación.

Los adultos también hablan de las *relaciones semánticas* que establecen las palabras, como de la inclusión categorial (un labrador es un perro), membresía de una clase (perros y gatos son animales), comparación (un lobo es como un perro), identificación de propiedades (los perros tienen pelo y patas), identificación de partes (la pata es parte del perro), para enlistar (es un león, es un tigre…), para hablar de la función de los objetos (el perro no puede morder sin sus colmillos). Para que un niño comprenda oraciones, no sólo debe identificar las funciones antes mencionadas, sino que debe entender que el orden de las palabras puede cambiar el significado de la oración. Por ejemplo, "el león ataca al tigre" no significa lo mismo que "el tigre ataca al león", a pesar de que las dos oraciones contienen las mismas palabras.

Según varios autores, entre ellos Clark (2003), el niño en un principio simplifica el significado que le atribuye a un objeto, evento o persona. Estas atribuciones tienen una relación directa con las reacciones de los adultos frente a los usos del niño. El niño toma en cuenta todas las características y restricciones; más tarde elimina las que él supone que no son compatibles con las del adulto. Algunos supuestos guían al niño hacia la preferencia de algunos nombres que se refieren a objetos, que por lo general los conceptualizan como un todo, más que entenderlos como partes del objeto o propiedades independientes. Este supuesto de entender el "objeto como un todo" tiene lugar alrededor de los 18 meses.

Otro supuesto es el "taxonómico": las palabras representan categorías o dominios conceptuales, más que grupos de objetos. Muchos términos representan categorías simples con coherencia interna. En la taxonomía se encuentra el "nivel básico", usado principalmente por niños entre 12 y 24 meses. En este nivel, el niño escoge primero entender y usar las palabras que son conceptual y estructuralmente más simples que las de una categoría taxonómicamente superior. Son miembros que comparten características en común y son distinguibles de otros miembros de otras categorías. También, los niños buscan darles a los miembros un número similar de detalles que aquel miembro que es el representativo de la categoría (prototípico). Por ejemplo, un miembro prototípico de la categoría de frutas es "manzana", mientras que "maracuyá" es un miembro lejano al prototipo, de tal forma que la primera se aprenderá mucho más rápido que la segunda. Ambas palabras pertenecen al nivel básico y en ese sentido tienen el mismo nivel en la taxonomía. Fruta es el término que las organiza como categoría. Los supuestos del nivel básico y de igual número de detalle ayudan a organizar y estructurar las categorías conceptuales, pero tal vez no ayudan a asignar el significado a términos poco familiares. Sin embargo, así como los niños logran entender que las entidades son miembros de una categoría, también aplican restricciones que aparecen alrededor de 10-12 meses de edad.

En la postura de las restricciones, una nueva palabra se adquiere al plantear una hipótesis de la relación entre una palabra y un objeto en el mundo real. Pero, ya que existen muchas hipótesis qué probar, la mente del niño funciona con una serie de restricciones, como entender el objeto como un todo, la exclusión mutua, y/o la información sintáctica que permite entender una nueva palabra como un sustantivo/verbo, según sus características en el uso. Por ejemplo, la palabra "silla" se entiende como un objeto completo; el niño no desglosa las patas, el respaldo y el asiento, como las partes que definen al objeto (objeto-todo). El niño lo entiende como un todo. Además, "silla" es un nombre que se le asigna a un objeto y nada más. El niño comprende que ese nombre es exclusivo y por tanto, si hay otro objeto, excluye la posibilidad de que se llame de igual forma (exclusión mutua). Ese nombre también cumple con un papel gramatical, pues se ubica junto a ciertas palabras, como el artículo "la" antes de "silla" o un verbo, ubicado después: "la silla tiene...". Esta información sintáctica se aprende por medio de las estructuras frecuentes y familiares que le proveen al niño de un marco sintáctico conocido. Algunas restricciones van desapareciendo, pero algunas otras comienzan a aplicarse meses después. No existe un consenso en saber de dónde vienen las restricciones, cuánto tiempo duran y por qué se abandonan.

No obstante, las restricciones no resuelven todo el tema de la adquisición léxica. Entonces, la información proveniente del contexto social-pragmático y el sistema de intenciones en contextos específicos pueden dar claves para comprender las palabras. Por ejemplo, la dirección de la mirada del adulto es muy relevante, pero tampoco es suficiente para el aprendizaje léxico, pues muchos referentes de los que habla el adulto no están presentes en el contexto físico de la interacción.

Aprender a decir la primera palabra

Los niños crean hipótesis sobre los significados de las palabras. Cuando las usan, las aceptaciones de los padres o cuidadores confirman las hipótesis y con los rechazos las ajustan; cuando sus predicciones son ciertas, ayudan a confirmar las hipótesis. También predicen cuándo y cómo el adulto las usará. Por tanto, el niño se beneficia de las predicciones y de las reacciones del adulto para agregar gradualmente conocimiento de los objetos y eventos que adquieren. Por ejemplo, el niño puede predecir cuál entidad lleva el nombre de *"tigre"*, cuando observa que el adulto lo señala, hace el rugido y/o comenta sobre sus atributos. Otra palabra como "suave" tiene una información conceptual que es pertinente, según el objeto/animal del que se hable. El aprendizaje de las palabras depende de tener muchas oportunidades de escuchar las palabras una y otra vez, y también depende del contexto que facilita establecer el primer significado que el niño le atribuye a una palabra. Por eso y sobre todo al principio, los niños pueden establecer búsquedas (mapeos) poco usuales hasta que llegan a la convencionalidad. Para ello tienen que escuchar infinidad de ejemplos y ver las reacciones de los adultos sobre sus usos. La frecuencia de las palabras en el contexto es vital para que aparezcan en el vocabulario de los niños, pero también la entonación prosódica y la complejidad fonética juegan un papel muy relevante (Schneider, Yurovsky & Frank, 2015). Cuando un niño oye una y otra vez una palabra que recibe cierta entonación (al principio distinta y luego se vuelve familiar) y además tiene poca complejidad fonética (por ejemplo "gato") resulta ser de las primeras que comprende y luego produce en su vocabulario inicial. Esta palabra contrasta con "tractor" que es poco frecuente, no aparece en el contexto inmediato del niño y su combinación consonántica es compleja). En promedio, es alrededor de los 12 meses de edad cuando aparece la producción de la primera palabra en el 75% de los niños (Schneider et al., 2015). En suma, esto quiere decir que durante un año, el bebé ha estado construyendo la comprensión de las entidades, personas y eventos que lo rodean, gracias a la ayuda de factores como la frecuencia de los objetos en el contexto inmediato del niño, las múltiples menciones de los nombres de dichos objetos que hacen los adultos y cuidadores, además de la percepción sobre la constitución fonética de las palabras.

La tarea de las funciones ejecutivas en las primeras palabras

Las funciones ejecutivas se construyen poco a poco, a medida que pasan de usar gestos simbólicos a construir un vocabulario, y luego a construir frases y oraciones. Una serie de funciones cognitivas, como la categorización, le permite al niño ir asociando conceptos que comparten rasgos, pero que a la vez son distintos entre sí. Los niños pueden guiarse por una tendencia a reconocer rasgos, por ejemplo de la forma, cuando aprenden a distinguir dos palabras de una misma categoría (*vaca* vs. *toro*) y al mismo tiempo pueden entender que ambas palabras pertenecen a la categoría de animales. Así, están demostrando la capacidad de organizar la información de manera jerárquica (Hall & Waxman, 1993; Kuhn et. al., 2014). También, gracias a una función ejecutiva como la flexibilidad cognitiva, la comprensión de que las palabras pertenecen a una categoría (vaca y toro son animales de la granja) pero que al mismo tiempo pueden asociarse con otras (toro y venado tienen cuernos) puede suceder. Esto se debe a que el cerebro logra inhibir o detener una idea o concepto para darle lugar a otra idea y así utilizar varios conceptos al mismo tiempo para realizar diferentes clasificaciones.

También, dicha organización jerárquica de la información se muestra cuando los niños comprenden reglas morfológicas y sintácticas, una habilidad cognitiva en la que también se involucra la flexibilidad cognitiva, para cambiar el foco de la atención o para tener un control inhibitorio (Zelazo et. al., 2003).

La memoria, al igual que la atención, son funciones muy importantes para el lenguaje. El etiquetamiento de un objeto en una situación determinada facilita la retención del nombre en la memoria de trabajo, lo que proporciona al niño una huella perdurable (Jacques & Zelazo, 2005; Marcovitch & Zelazo, 2009). Mientras tanto, usan las palabras sin tener todavía el significado convencional.

El sistema de la atención también es importante. Los niños no pueden aprender una palabra si no atienden a la persona con la que interactúan. De hecho, los niños aprenden más fácilmente las palabras, si oyen la palabra en el momento mismo en el que prestan atención al referente de la palabra. De acuerdo con algunos estudios, los niños de nueve meses de edad, cuyos padres fueron "contingentes" tenían significativamente más vocabulario seis meses después. Para esto, se puede ser "contingente" de dos formas: mediante la "contingencia semántica", que es hablar sobre lo que el niño presta atención en un momento determinado y no tratar de dirigir su atención hacia otro objeto en otro lugar. También, se puede hacer "contingencia temporal" que significa dar respuesta inmediata a lo que el niño presta atención (McGillion et. al., 2017). Entonces, es necesario resaltar que los sistemas de atención y memoria se benefician en buena medida por la responsividad de los padres cuando los niños se intentan comunicar. La responsividad parental, que se refleja en la prontitud de la respuesta, la actitud positiva y la sensibilidad de los padres en los intereses del niño, se ha asociado a un desarrollo óptimo (Lloyd & Masur, 2014), un aumento del potencial cognitivo (Landry, Smith, Swank, Assel & Vellet, 2001) y un mejor desarrollo del lenguaje (Tamis-LeMonda, Bornstein & Baumwell, 2001; Masur, Flynn & Eichorst, 2005).

Como se mencionó previamente cuando se habló de la necesidad de las interacciones sociales con los padres Hart & Risley (1999) observaron que antes de que el niño produzca sus primeras palabras, hay un período en el que los adultos y los niños se vuelven "socios". En este período hay varias ganancias sobre todo sociales y físicas. Los padres, al observar avances en estos dominios, comienzan a solicitar acciones que tienen que ver con este desenvolvimiento, como por ejemplo pedir que recojan objetos, que los coloquen en diversos espacios, que bailen o que brinquen. Las ganancias sociales también son notorias puesto que el niño comienza a imitar al adulto, no sólo en acciones sino también en el lenguaje. Comienzan con aproximaciones de palabras; las ensayan hasta que los padres logran reconocerla. En promedio, estos investigadores observaron que apenas el 4% de las emisiones que el niño de 11 meses produce contiene palabras que los padres logran identificar. Pronto, alrededor de los 18 meses, los padres logran comprender e identificar como "palabras" el 43% de las producciones del niño. En esta danza social, el niño produce emisiones comprensibles para los padres, pero también emisiones incomprensibles, a lo que se le ha llamado tradicionalmente "jerga". Esto continuará hasta ya entrados los 2 años, cuando la mayor parte de las emisiones son comprensibles para los padres y también para los demás. Lo interesante es que los padres tienden a responder a las emisiones incomprensibles (vocalizaciones, silabeo, jerga) como si tuvieran significado, lo que crea un espacio de interacción. Esta atención se incrementa si el bebé se muestra inquieto y los padres tienden a interpretar correctamente la necesidad inmediata del niño para poder satisfacerla, ya sea social, física o comunicativa. Esto es a lo que se le llama "contingencia".

Los niños tienen una serie de estrategias adquiridas para el aprendizaje de las palabras, que operan hasta cierto período del desarrollo. Para que el lenguaje se adquiera antes de los dos años, principalmente el vocabulario, varios mecanismos perceptuales, ambientales y sociales deben echarse a andar (Hirsh-Pasek et al., 2004). Los mecanismos perceptuales no se limitan a sólo escuchar la palabra, sino a encontrarle regularidades. En el período comprendido de entre 9 y 15 meses de edad, los bebés han percibido también que las palabras tienen formas que se repiten, como las terminaciones de los verbos que aportan los tiempos verbales (Marquis & Shi, 2012). Esto indica que el bebé, antes de producir una palabra ha detectado la morfología que contiene la misma (por ejemplo la terminación *-iendo* en corriendo), aunque todavía no comprenda por completo su significado. Para ello es necesario también que las palabras se usen en contextos ostensivos donde además el adulto provea el ambiente de las palabras y oraciones.

Lo que aquí se recalca es que, en los primeros años de vida, la adquisición de las primeras palabras depende en parte de la comprensión de las intenciones de los adultos donde intervienen habilidades sociales, cognitivas y culturales que son útiles para que el niño haga un mapeo entre la palabra y el referente. De esta forma se construyen poco a poco los símbolos lingüísticos que son las palabras representadas en la mente, y que a su vez son reflejo de convencionalismos sociales y comunicativos, cuya esencia es la bidireccionalidad entre el niño y el adulto (Akhar &Tomasello, 1996).

Otras estrategias que tienen los niños se refieren a procesos internos de la cognición. Para que una palabra se adquiera debe hacerse la conexión entre un objeto, lugar, persona o acción. Esta conexión llamada mapeo sucede de forma muy lenta alrededor de los 12 meses de edad y por lo general este proceso lento se da con las primeras 50-100 palabras (Desmarais, Meyer, Bairati, & Rouleau, 2010). Una vez que este mecanismo se aprende, el ritmo del mapeo se acelera cada vez más entre los 16 y 22 meses de edad. En muchas lenguas como el español, el vocabulario inicial del niño se compone principalmente de sustantivos, que se refieren a los objetos, lugares y personas. Posteriormente, las acciones más familiares comienzan a aprenderse también. Estas palabras de acción están representadas por los verbos.

El verbo como pilar de la combinación

Los predicados (verbos y adjetivos) suelen aparecer cuando el niño ya produce más de 50 palabras y al menos entre 100-200 palabras; las palabras funcionales (pronombres, preposiciones, etc.) rara vez se observan antes de que el niño produzca entre 300-500 palabras (Bates et. al., 1979; 1994). La producción de verbos en el vocabulario temprano es sumamente importante porque es una especie de "imán" que atrae otras palabras y gracias a ellas se inicia la sintaxis. Al utilizar un sustantivo como *"caballo"*, no hay ninguna palabra específica que se vea atraída por esa. Es decir, puede haber palabras relacionadas a ella, como "montar" o "pastura", pero la asociación es múltiple y hasta cierto punto impredecible. A diferencia de los sustantivos, cuando se usa un verbo, como "*dio*" se restringe la atracción de ciertas palabras como "él o ella" (porque el verbo habla de la tercera persona del singular), el clítico "le" (porque el verbo "dar" es ditransitivo y un "objeto dado" (porque en la construcción con dar, necesariamente implica transferir un objeto a otra persona) como en *"ella le dio un regalo (a él)"*. Los verbos están rodeados por palabras que suelen atraer, a la manera de una valencia de los elementos químicos que, por su naturaleza, atraen a otros elementos.

Como se mencionó en la sección anterior, los verbos además tienen una morfología interna que el bebé comienza a detectar y procesar antes del año de edad, aún antes de aprender el significado de las palabras (Marquis & Shi, 2012). Los primeros morfemas en procesarse serán los más frecuentes, como el *-ing* del presente continuo del inglés (runn-ing/ corr-iendo) (Mintz, 2013) o el plural *-n* del español (corre-n) (Pérez-Paz, Arias-Trejo & Alva, 2014). Al procesar palabras que terminan con morfemas frecuentes, el bebé es capaz de observar patrones morfosintácticos y morfosemánticos que formarán parte de su conocimiento gramatical (Mintz, 2013) y que podrán usar unos meses después.

Cuando el niño cumple 18 meses, aprende palabras nuevas cada día a un ritmo muy acelerado. Se espera que comprenda entre 100-350 palabras y que produzca entre 10 y 120 palabras (Jackson-Maldonado et. al., 2003). Cuando cumple 24 meses, el ritmo se ha acelerado todavía más y ya produce entre 70-450 palabras. También, consigue combinar algunas palabras como *"quiero leche"* u otras combinaciones menos convencionales (desde la perspectiva adulta) como *"papá calle"*. Ya entre los 24 y los 30 meses de edad, se espera que el niño combine entre 3 y 5 palabras como *"mamá más jugo"*, y que emplee oraciones simples. No obstante, la combinación de palabras no es sólo la suma de palabras en una emisión. Es el nivel de conocimiento semántico y gramatical que el niño agrega poco a poco a la formación de estructuras. Este conocimiento generalmente se construye cuando los niños escuchan combinaciones frecuentes (por ejemplo, *cómete tu sopa*). Cuando los niños de dos años están expuestos a escuchar estas combinaciones tienen más probabilidades de repetir correctamente las secuencias frecuentes (¡A comer!) que las infrecuentes (*De postre hay gelatina*). Además, los niños pueden repetir más fácilmente las primeras palabras de una emisión, si forman parte de una estructura conocida, que para los niños es como si estuvieran escuchando una sola pieza de información o "chunk". Por ejemplo, *no_stá (no está), cómo_stas? (¿cómo estás?)* son estructuras que el niño no varía en su forma, en las que no reflexiona que no segmenta, sino que las aprende como una unidad. Estas combinaciones familiares y de alta frecuencia son muy útiles para el desarrollo del lenguaje, pues a partir de ellas, los niños aprenden a extraer información (Bannard & Matthews, 2008). Cabe mencionar que la evidencia científica apunta a que en un principio, las construcciones sintácticas no son abstractas (o sea, no hay noción de "sujeto", "objeto" o "agente", "paciente"), sino que se vuelven abstractas poco a poco, con base en las construcciones familiares que han escuchado (Pine, Lieven, & Rowland, 1998; Tomasello & Abbot-Smith, 2002) y que están ligadas a un contexto concreto. Las primeras construcciones resultan ser operaciones simples, a la manera de "cortar y pegar" y no implican ninguna operación sintáctica compleja. Estas construcciones tienen una exposición frecuente en el contexto de interacción del niño y se basan en ejemplos concretos del lenguaje de los padres (Rojas, 2009). Por ejemplo, *"vamos a..."* es una construcción muy común en el lenguaje de los padres y también es muy común escucharla en las primeras producciones de los niños pequeños.

Pueden existir combinaciones de dos nombres, como *"bebé silla"*, una combinación típica en la adquisición temprana (pero no convencional para el habla del adulto) o la combinación de *"una silla"* (aunque sea pronunciada como *"a silla" "úa silla"*) donde ya se ha introducido un elemento gramatical a la frase. Una combinación más avanzada sería el uso de una acción, lo que pone a la emisión en un nivel más complejo de producción, como en *"subo silla"*. Entonces, los niños van complejizando sus emisiones poco a poco y esto se hace evidente, no sólo por agregar más palabras a la emisión, sino por los tipos de palabras que agrega. Por ejemplo, el niño escucha un verbo transitivo (alguien transmite una acción sobre algo) como "hacer" en un marco donde la construcción siempre afecta (o efectúa) algo: *"María hace tortillas"*, *"Juan hace la cama"*, *"Toñito hace berrinches"*. Entonces el niño comienza a usar estos marcos gramaticales, al principio sin mucha creatividad (Tomasello, 2003). Entre los 20 y los 30 meses de edad, la complejidad se incrementará cuando los niños logren hacer combinaciones más creativas, añadan formas, las relacionen y las adapten a las construcciones que ya han producido previamente (Rojas, 2009).

Aparentemente, lo que es difícil para los más pequeños que comienzan a formar frases y oraciones, es encontrar patrones sobre cómo se construyen y se usan cadenas de símbolos lingüísticos que sean significativos en la lengua que están aprendiendo. Ciertos tipos de construcciones tienen más peso en la experiencia del niño, basada principalmente en la frecuencia de la *construcción completa*, mientras que la abstracción de la construcción sintáctica se basa en la frecuencia de los *tipos de verbos* (por ejemplo, la frecuencia de uso de un verbo transitivo –hacer– vs. uno intransitivo –correr–) (Tomasello & Akhtar, 2003).

Una estrategia que la cognición tiene para comenzar a usar los verbos es detectar patrones sobre el uso verbal (Tomasello, 2000; 2003). Los niños comienzan a comprender que ciertas palabras van antes o después de otras. Por ejemplo, un verbo va después del nombre del objeto, animal o persona que ejecuta la acción: "llora" le antecede quién llora (Juan llora; el niño llora). "Lavaron" le antecede quien lava (Juan y Lázaro lavaron) y también algo que se lava (Juan y Lázaro lavaron el patio). Al escuchar frecuentemente verbos familiares y cómo se usan con otras palabras se retienen "marcos gramaticales" que sirven para generalizar. Lo que los niños realizan es asignar funciones gramaticales a las diferentes palabras de la emisión. Como en el ejemplo pasado, Juan y Lázaro funcionan gramaticalmente con un rol de "hacedor" o agente de la acción; llorar o lavar es la acción en sí misma y "el patio" es el lugar donde recae la acción de "lavar". Véase cómo "llorar" requiere de alguien que haga la acción, pero no recae en nadie. De esta forma, tenemos dos "marcos gramaticales" diferentes que los niños abstraen. Al retener una abstracción, no se retiene una emisión específica, sino la estructura gramatical para poder generalizar y comenzar a producir otros usos. Las generalizaciones aparecen cuando el niño tiene un conjunto de verbos en su repertorio léxico: *comer, tener, dar, hacer, poner, tomar*. Es necesario saber también que antes de hacer las generalizaciones, los niños usan "marcos gramaticales" que no han sido descompuestos en partes. Algunas construcciones como "no_cabe", "qué_haces?" se usan como un todo primero, para después comenzar a cambiar con verbos conocidos (o en el repertorio del niño). Por ejemplo, entre los 2 y los 3 años, los niños pueden hacer reemplazos en el marco "qué____?" tales como "qué_cómes?" "qué_tienes?", "qué_pones?".

A diferencia de los niños que tienen un desarrollo típico, los hablantes tardíos tienen un proceso diferente, al menos más lento cuando adquieren verbos. El ritmo de adquisición es particularmente importante, puesto que el uso de verbos tiene un efecto no sólo en el tamaño del vocabulario, sino también en el desarrollo gramatical, especialmente en la combinación inicial de palabras (Horvath et. al., 2019). Mientras que el ritmo de crecimiento de los niños con desarrollo típico es de 65%, el de los hablantes tardíos es de 11% (Dale & Hayiou-Thomas, 2013). De los hablantes tardíos se hablará con mayor detalle en el capítulo cuatro.

RESUMEN

- El gesto representa el inicio del desarrollo simbólico del niño; es considerado un mecanismo de transición hacia las primeras palabras y hacia la combinación de palabra + palabra. En los primeros meses, los gestos son usados para reforzar, desambiguar o suplementar la palabra a la que acompañan. Es típica la aparición primera de gestos deícticos, seguidos de gestos simbólicos o representacionales que cooperan en la comprensión de las funciones de los objetos.
- La comprensión de las primeras palabras se logra a través de un mapeo que consiste en relacionar una palabra con su referente. Para ello, es preciso que el niño escuche la palabra frecuentemente, en contextos diferentes.
- El verbo es una categoría de palabra que promueve, además del enriquecimiento léxico, la combinación de las palabras y el aumento en la complejidad de sus emisiones.
- Los marcos gramaticales sirven como base para que el niño comience a utilizar oraciones que contengan verbos conocidos.

— Capítulo 3: —
¿Qué esperar en esta primera floración?

Los hitos del desarrollo en los primeros años de vida

El lenguaje es un sistema de comunicación verbal y no verbal que involucra diferentes esferas, útiles para comunicar pensamientos, deseos, necesidades, inferencias, interpretaciones y emociones. Para que el lenguaje sea óptimo y se cumplan los hitos del desarrollo, es necesario que varios fenómenos biológicos (como la expresión genética y la maduración del sistema nervioso, entre otros), cognitivos y psicosociales tengan también una evolución óptima. Estos fenómenos actúan en varios niveles del ser humano e interactúan entre sí como un sistema (Lerner, 2006). Cuando el niño ha nacido tanto con bases genéticas, anatómicas y funcionales óptimas, como con un contexto socioambiental estimulante, existen muchas posibilidades de que el lenguaje también se desarrolle de forma esperada.

Los sonidos y la prosodia de las palabras y frases

La capacidad del bebé para identificar voces y la entonación prosódica comienzan muy pronto, alrededor de los 2 meses de edad. Desde etapas tempranas, el bebé se beneficia de la entonación, como una prominencia perceptual que produce su interlocutor, para crear un terreno en común y establecer una atención conjunta en el contexto físico. La entonación prosódica permite que el bebé pueda interpretar las oraciones que produce el interlocutor, y a la vez comienza a comprender y a utilizar la entonación, como un mecanismo para llamar la atención (MacWhinney & Bates 1978).

Como el bebé se encuentra en pleno proceso de adquisición del lenguaje y todavía no aprenden los recursos sintácticos de su lengua para transmitir información sobre los objetos de su contexto físico inmediato, la entonación prosódica provee indicios sobre la intención que el bebé desea destacar en el intercambio comunicativo.

El bebé ha comenzado con un análisis muy fino sobre los sonidos que pertenecen a su propia lengua, y en muy pocos meses tiene ya la habilidad de reconocer patrones de combinaciones de sonidos (fonotáctica) que le permite deducir dónde comienzan y dónde terminan las palabras que escucha en el flujo interminable de una conversación (Jusczyk, 2003). La deducción de patrones fonotácticos suele realizarse a la par de la presencia física de los objetos e intercambios comunicativos que le rodean, así como de los gestos que acompañan la comunicación del adulto. Entre los 6 y los 12 meses de edad, existe un incremento en la sensibilidad del niño para reconocer propiedades de su lengua materna. Pueden reconocer la forma en que los sonidos se ordenan dentro de las palabras, cuál es la organización prosódica como el ritmo de las palabras y las frases, y aprenden a reconocer las fronteras entre las palabras en emisiones del habla (sin espacios). Los niños a esta edad retienen la información acerca de los patrones de sonido de las palabras frecuentes, retención que les sirve como base para aprender nuevas palabras, a las que más tarde se les brindará un significado. Especialmente la comprensión de nuevos sustantivos se beneficia con la presencia de la entonación prosódica que realiza el adulto (Grassmann & Tomasello 2007; 2010). También, las regularidades prosódicas y los cambios entonacionales, no sólo de las palabras sino de segmentos más largos, les permiten seleccionar y posteriormente segmentar unidades a las que se les dará un valor sintáctico (Weisleder & Fernald, 2014). En estas unidades, los niños pueden reconocer la ocurrencia de morfemas gramaticales y palabras funcionales que aparecen sólo en ciertas posiciones de la frase (por ejemplo, un artículo siempre aparece antes de un sustantivo: "una casa"; "los perros"). Esta sensibilidad se desarrolla entre los 14 y 16 meses, aunque comience a usarse meses después.

Aunque el trabajo que realiza el bebé para procesar toda la información lingüística es enorme, no lo podría realizar sin la ayuda de sus padres y cuidadores más cercanos. Ellos utilizan una forma modulada del lenguaje para dirigirse al niño llamada maternés, también conocida como *motherese, baby talk*, o discurso dirigido al niño (*child directed speech* en inglés (Ferguson, 1977; Slobin, 1973; Snow, 1972). Algo interesante es que independientemente de la lengua que se hable, estas modulaciones se realizan en cualquier interacción. Las modulaciones son generalmente un reflejo de lo que el bebé produce (por ejemplo, los padres imitan el silabeo si el bebé hace silabeos), pero al mismo tiempo captan la atención y la cooperación del niño en la interacción verbal. Se ha estudiado que la entonación dirigida al niño es exagerada, tanto al usar palabras como oraciones; se le habla lentamente y las pausas son más largas. Además, el tono de voz se adecua al propio niño; se imitan las formas que los niños emplean, a manera de reproducción del lenguaje infantil. Snow (1972) sostuvo hace muchos años que el discurso dirigido al niño es como si el adulto construyese un conjunto de lecciones inmediatas que ayudan al niño en la adquisición del vocabulario y la gramática. Y es que los padres de manera casi inconsciente, reducen la complejidad de las palabras, frases y oraciones, de tal forma que parecen irse adecuando a las necesidades del niño en la interacción verbal. Por ejemplo, en el vocabulario se focaliza sobre ciertas categorías léxicas que son frecuentes y útiles para el niño. Además, las palabras tienden a ser fonológicamente simplificadas, se generan patrones frecuentes y más simples como por ejemplo la secuencia consonante-vocal-consonante-vocal (CVCV), la reduplicación de sílabas y se agregan diminutivos. Por otro lado, el uso del maternés en la construcción de palabras se evoca la etapa holofrástica y el inicio de la sintaxis temprana en el lenguaje infantil. Un hecho muy importante es que cuando los padres y/o cuidadores tienen una prosodia exagerada, en la que destacan las tonalidades altas en construcciones imperativas e interrogativas y en las partes acentuadas de la palabra en cuestión, el lenguaje es más fácil de procesar, lo que permite al niño redirigir su atención hacia estos recursos para aprender un idioma (Dominey & Dodane, 2004; Weitzman, Girolametto & Drake, 2017).

En resumen, el maternés es un factor importante de socialización con los niños que contribuye en la adquisición no sólo de la estructura lingüística, sino de patrones de interacción, la transmisión de valores culturales y el intercambio de afecto en la comunicación.

Componentes del lenguaje: forma/ contenido / uso/

El lenguaje se puede dividir básicamente en cuatro áreas: a) la fonología; b) la gramática (las reglas de construcción de palabras, frases y oraciones) que incluye a la morfología y la sintaxis; c) la semántica, (comprensión de palabras, frases y oraciones); y d) la pragmática (uso social del lenguaje). En otro modelo clínico, la fonología y la gramática se conciben como la *forma* del lenguaje; la semántica como el *contenido* y la pragmática, como el *uso* (Lahey, 1988). Esta manera de ver el lenguaje permite agrupar los diferentes aspectos lingüísticos de una manera más dinámica. No podría hablarse de la forma, como un componente meramente estructural a nivel de palabra o de oración; se trata de componentes que en su función tienen, por ejemplo, aspectos semánticos que cambian de acuerdo con el rol de una palabra. En el centro de esta interacción podría decirse que se da el conocimiento del lenguaje, que, en el despliegue de condiciones biológicas, cognitivas y psicosociales óptimas, entonces puede esperarse que los hitos o pautas del desarrollo de lenguaje se cumplan en ciertas etapas de la vida.

Pautas evolutivas del lenguaje de 0 a 3 años

Pragmática

La comprensión y uso social del lenguaje arranca prácticamente cuando el bebé nace. Su desarrollo se inicia con el contacto visual y el intercambio de expresiones gestuales desde las primeras semanas de vida. La pragmática es entablar relaciones entre gestos, palabras y oraciones, con contextos sociales distintos. A diferencia del contexto físico, del conocimiento del mundo y de los significados propios de las palabras, la pragmática proviene de puentes de información no lingüística, que se emplea desde muy temprana edad por los niños que están aprendiendo a procesar el lenguaje. El uso y la comprensión de las intenciones comunicativas implican interpretar señales muy sutiles, como por ejemplo, los deseos y estados emocionales de las personas y su actitud expresada a través del lenguaje verbal y no verbal. Ya a los 8 meses, los niños muestran un amplio rango de estrategias comunicativas. De acuerdo con la investigación actual, el 75% de los niños a esta edad miran fijamente a los ojos; el 80% hacen sonidos con un propósito comunicativo y la comunicación social aumenta significativamente entre los 8 y los 12 meses (Reilly et al., 2018).

Aunque la habilidad para interpretar las intenciones de las otras personas parece existir desde el primer semestre de vida, el uso y dominio de la pragmática tarda mucho tiempo en consolidarse, pues el niño debe aprender a reconocer y expresar los gestos comunicativos (no verbales) que surgen en las interacciones que se irán volviendo más complejas durante la vida. El niño, luego joven y finalmente adulto aprenderá a seleccionar vocabulario pertinente para el ambiente o contexto en el que se desenvuelve; deberá aprender a entablar una conversación en la que aprenderá las reglas de interacción y los turnos de habla; deberá aprender a autorregularse y adaptarse a las necesidades comunicativas de su interlocutor; deberá aprender a reconocer modos de dirigirse a las personas, detectar y manifestar las diferentes intenciones comunicativas como la petición, la exigencia, la solicitud, la persuasión o la justificación, entre otras intenciones. Aunque los niños aprenden muchas reglas de la comunicación social antes de entrar a la primaria, el aprendizaje del uso del lenguaje en el contexto se extiende hasta la adultez.

Semántica
La comprensión del lenguaje se inicia gracias a la interacción que el bebé tiene con el mundo, con la gente y con el contexto en el que

vive. Entre el primer y segundo año de vida, el niño ha entablado con mucho éxito las relaciones entre el lenguaje, los eventos y sus significados. Los frutos de la comprensión de las primeras palabras durante el primer año de vida se basan en mecanismos de aprendizaje léxico, tales como un análisis perceptual muy fino que le permite asociar cadenas acústicas particulares a personas, eventos y objetos del mundo. También, la organización semántica, como la categorización, contribuye a la adquisición léxica, otro mecanismo con el que los niños construyen nuevos significados a partir de un conocimiento semántico previo (Beckage, Smith, & Hills, 2011). Alrededor de los 18 meses surge la llamada *explosión del vocabulario* (Goldfield & Reznick, 1990), etapa en la que la mayoría de los niños comprenden y producen rápidamente una gran cantidad de palabras, aunque la comprensión de palabras siempre será mayor que su capacidad de producción. Un bebé de esta edad puede llegar a adquirir hasta 10 palabras en un día. Quizás la habilidad de crear representaciones mentales, a medida que pasan de usar gestos simbólicos a construir un vocabulario es lo que genera esta rapidez.

La comprensión y adquisición de vocabulario tendrá un desarrollo muy eficiente durante el preescolar, pero no se limitará a esta etapa, sino que continuará desarrollándose toda la vida.

Fonología

El uso de los sonidos comienza a muy temprana edad con el balbuceo y su dominio tarda muchos años. Desde el balbuceo se aprecian sonidos que por lo general están influidos por la lengua materna. Las representaciones se construyen por un lado, por las habilidades cognitivas, funciones ejecutivas como la memoria, así como ciertas habilidades motoras y de retroalimentación propioceptiva. Desde una teoría basada en el uso, las características de la lengua materna, la frecuencia de los sonidos y la prominencia fonológica son cruciales para detectar regularidades, procesarlos, segmentarlos y usarlos posteriormente (Bybee, 2010). Los hallazgos sobre el aprendizaje estadístico sugieren que los bebés tienen habilidades de percepción auditiva, en torno a elementos y expresiones léxicas específicas. Así, los bebés encuentran patrones regularidades en lo que escuchan con frecuencia. Aunque los niños pequeños tienen habilidades cognitivas para encontrar regularidades, esto no quiere decir que puedan producir dichos sonidos, pues sus habilidades motoras están en desarrollo y sus representaciones mentales en construcción. Pero cuando comienzan con la producción de las primeras palabras, los sonidos bilabiales (como [b], [m] y [p] son los primeros en aparecer (de Boysson-Bardies & Vihman, 1991), aunque también pueden producir algunos guturales como [j] o [g]. Es muy común que ciertos patrones de producción sean más frecuentes en el desarrollo. Mucho tiene que ver con la estructura silábica de las palabras (en español tienden a ser de dos sílabas con un acento grave) y con la frecuencia de aparición de los sonidos (por ejemplo, los niños tienden a omitir consonantes al final de las palabras porque las consonantes en esta posición de la palabra son menos frecuentes en español). Por ello, pueden eliminar las sílabas débiles; también pueden cambiar de lugar los sonidos (metátesis) (Flipsen & Parker, 2008). Los sonidos que más se emplean para sustituir a otros más difíciles de producir son [b] [l], [g], [k]. Estos sonidos constituyen el 68% de todas las sustituciones y estos procesos (entre otros) son típicos antes de los cinco años (Goldstein, 2005). El dominio sucede entre los 5;6 y los 6 años de edad, etapa en la que se consolidará la producción de sonidos, incluido la /r/ (araña) la /rr/ (ratón) y los grupos consonánticos como /pr/ (como en princesa) o /bl/ (como en blanco).

Gramática

A grandes rasgos, la gramática contiene a la morfología y a la sintaxis. La morfología trata de las partes de las palabras que contienen raíces y afijos (libro-librero- cantar-cantamos). Comienza a usarse alrededor de los 2 años y su aprendizaje se extiende por varios años de la etapa preescolar, etapa muy activa en la adquisición, cuando se escucha que el niño puede usar verbos con sobregeneralizaciones (como "ponió" en lugar de "poner"). A medida que los niños desarrollan habilidades lingüísticas y cognitivas más avanzadas aprenden a aplicar reglas morfológicas sobre las terminaciones de las palabras y reglas sintácticas que dictan el orden de las palabras (Rowe & Goldin-Meadow, 2008). Y es gracias a la comprensión de las reglas que el niño puede organizar la información de una forma jerárquica.

La sintaxis se refiere a la combinación y organización de las palabras en las oraciones. La emergencia de la sintaxis surge alrededor de los 2 años, con las primeras combinaciones de palabras /ven mamá/ /papá calle/. La combinación con otras palabras, incluyendo las palabras "chiquitas" de la lengua (preposiciones, artículos, clíticos) darán mayor longitud a la emisión y, con ello, mayor complejidad gramatical. Con el tiempo surgirá la producción de oraciones cada vez más complejas, algunas de las cuales se aprenderán en la etapa preescolar y otras ya avanzada la etapa de educación primaria.

Estas áreas del lenguaje tienen un ritmo distinto de desarrollo y se consolidan en etapas diferentes, aunque se empalme su desarrollo.

Principales logros en el desarrollo del lenguaje entre 1 y 3 años de edad

Edad	Forma	Contenido	Uso
1 año	•Balbuceo (antes de 6 meses) •Silabeo (a partir de los 6 meses) •Interactúa con el adulto haciendo sonidos de regreso cuando le hablan	•Dice palabras sueltas •Comprende su nombre y el de sus padres/hermanos (antes del año) •Explosión de vocabulario (18 meses)	•Señala objetos •Hace gestos con sus manos •Hace contacto visual
2 años	•Pronuncia y se le entiende 50% de los sonidos •Combina 2 o más palabras	•Usa más de 50 palabras •Usa y comprende aprox. 300-600 palabras •Comprende preguntas y órdenes como ¿dónde está papá? O "Enséñame tu pie"	•Usa gestos (manda besos, juega a que vuela como pájaro) •Uso de juego simbólico (finge/juega a que maneja, le da de comer a un osito)
3 años	•Pronuncia y se le entiende 70% de los sonidos •Usa oraciones simples de 3 o más palabras •Usa más de 800 palabras •Puede repetir oraciones cortas •Hace preguntas	•Comprende cómo funcionan las cosas, los opuestos, conceptos temporales •Comprende preguntas con ¿Quién? ¿Qué? ¿Dónde? •Es consciente del pasado y el futuro •Puede seguir conversaciones largas	•Hace solicitudes, peticiones, exigencias, preguntas •Usa gestos culturales (sacar la lengua) •Uso y comprensión de gestos de emociones

Datos de México sobre el desarrollo y los retrasos del lenguaje

El desarrollo del lenguaje es un indicador objetivo acerca de las habilidades del desarrollo y de la cognición. Es además uno de los pilares fundamentales para que un niño adquiera su autonomía y pueda adaptarse a grupos sociales diversos. Un retraso en las habilidades comunicativas (que incluyen al lenguaje verbal y no verbal) es un indicador de que algún aspecto del desarrollo no marcha bien. Puede tratarse de algún problema del neurodesarrollo como la condición del espectro autista (TEA), el trastorno del desarrollo del lenguaje (TDL) o la discapacidad intelectual –que en edades tempranas se denomina trastorno global del desarrollo (TGD)-, siendo muy compleja la detección de estos problemas, sobre todo si se desconocen los parámetros de referencia sobre el desarrollo típico de niños menores de 30 meses de edad. La detección temprana del retraso en el desarrollo de las habilidades comunicativas puede ayudar a que el niño reciba, a una edad temprana, un diagnóstico e intervención oportunos.

Sin embargo, la detección temprana del retraso en el desarrollo de habilidades comunicativas en México es incipiente e irregular. En muchos casos, los niños menores de 3 años que no hablan o hablan poco pasan desapercibidos, dado que, por lo general, el retraso inicial del lenguaje no se considera un problema primordial que deba ser atendido por el sistema de salud o de educación. El 30% de los padres de niños angloparlantes entre 10 y 35 meses ha informado que el médico de sus hijos nunca mencionó nada acerca de la comunicación de su niño (Halfon et. al., 2002). Las posibles razones son la falta de tiempo, la falta de conocimiento, la falta de protocolos a seguir y la demanda de trabajo, sobre todo en instituciones públicas de atención primaria (Nelson et. al.,

2006). Esta situación también se encuentra en otros países en vías de desarrollo económico (Sotu et. al., 2015). Además, existe una arraigada creencia entre profesionales de la salud y de la educación de que los retrasos del lenguaje se superan por sí solos.

En México, muchos padres son los primeros en notar que existe un desfase en el desarrollo de habilidades comunicativas, generalmente por comparación con otros hijos o familiares. Son los primeros en observar algunos signos de retraso en la comunicación no verbal antes de los 12 meses, y el 83% se encuentran preocupados por el desarrollo antes de los 24 meses (Márquez-Caraveo & Albores-Gallo, 2011). Esos signos de desarrollo atípico (por ejemplo, los niños en la condición de TEA), que a veces son difíciles de describir por los padres, conllevan un desfase significativo para encontrar la atención adecuada (entre 22 y 32 meses) y en que se realice un diagnóstico correcto (puede llegar a tomar hasta 5 años) (Chakrabarti, 2009; Rice et. al., 2010). Por ejemplo, en el caso del autismo en España, el 40% de los niños con este trastorno son identificados hasta el ingreso a la escuela (Talero-Gutiérrez et al., 2011).

La mayoría de las veces, la detección del retraso en el desarrollo de las habilidades comunicativas es tardía y atraviesa una serie de dificultades para realizar un diagnóstico y tratamiento oportunos. Un tratamiento oportuno hace que los síntomas de muchos niños con TDL o con TEA tengan una mejoría más notable y en consecuencia la competencia social y comunicativa mejore, así como también el bienestar emocional.

La ENSANUT (Gutiérrez et al., 2012) documentó que en menores entre 2 y 9 años de edad (Romero-Martínez et al., 2013), el 30.8% de los niños y el 27.8% de las niñas estaban en riesgo de discapacidad y que el indicador de preocupación reportado con mayor frecuencia por los padres o cuidadores había sido el cognitivo o del lenguaje (12.4% en niños y 10% en niñas). Específicamente, en la población entre 2 y 5 años, los indicadores más frecuentes de riesgo de discapacidad fueron los relacionados con el lenguaje, ya fuera porque no habla, no se le entiende al niño lo que habla o viceversa, porque el niño no entiende lo que le dicen a él (Romero-Martínez et al., 2013). En otro estudio, Rizzoli et al., (2015) documentó que a través de pruebas de tamiz sobre el neurodesarrollo, una de las funciones más afectadas en niños menores de 6 años en México es el lenguaje y la comunicación.

Muchos niños que presentan alguna dificultad para adquirir habilidades comunicativas muestran repercusiones en su salud mental desde muy temprana edad, dado que desarrollan alteraciones de ansiedad, baja autoestima, retraimiento y otros trastornos del funcionamiento personal que perduran hasta la adultez (Conti-Ramsden et. al., 2013). Aproximadamente el 25% de los niños que tienen diversas discapacidades, incluyendo los problemas del lenguaje, son acosados en la escuela (Austin et. al., 2002).

Los investigadores se han preocupado por analizar cuál es la relación entre las habilidades sociales y el retraso del lenguaje (Carson et. al., 1998; Horwitz et. al., 2003; Irwin et. al., 2002; Paul et. al., 1991). El estudio de Horwitz y colaboradores mostró una cifra por demás llamativa: los niños con un retraso en la adquisición del vocabulario a los 2 años están siete veces más propensos que los niños con desarrollo típico a presentar habilidades sociales inadecuadas. Paul (1991) explicó que los problemas sociales pueden deberse a que los niños con retraso del lenguaje no tienen una fuerte motivación para interactuar con otros niños. Además, las habilidades sociales disminuidas podrían llevar a problemas del comportamiento

(Tomblin & Samulson 2005). Los niños pequeños pueden retraerse, pero a medida que crecen pueden volverse agresivos.

Por tanto, la detección temprana del retraso en el desarrollo de habilidades comunicativas es necesaria para prevenir dificultades futuras, no sólo académicas y cognitivas, sino en la autonomía y la interacción social. Para tener una detección oportuna, es necesario conocer los hitos del desarrollo comunicativo.

RESUMEN

- En la adquisición del lenguaje se habla de los hitos del desarrollo, cuyo cumplimiento demanda que fenómenos biológicos, cognitivos y psicosociales evolucionen de forma óptima e interactúen como un sistema.
- Los niveles lingüísticos poseen un ritmo propio de desarrollo y se consolidan en etapas distintas. Sin embargo, guardan una relación muy estrecha entre sí y, de acuerdo con un modelo clínico, pueden ser agrupados en tres componentes: *forma* (fonología y gramática), *contenido* (semántica) y *uso* (pragmática).
- Para llevar a cabo una detección temprana, es necesario que se tenga conocimiento de los hitos del desarrollo. De esa manera, es posible que el niño reciba un diagnóstico y una intervención oportunos, con lo que pueden mejorar sus habilidades comunicativas y se previenen dificultades futuras que afectan el lenguaje, su salud mental, y otros ámbitos de su vida, como el social y el académico.

Semáforo con signos de alerta

Aquí se presenta un semáforo con algunos signos de alerta que deben considerarse para atender los retrasos a tiempo:

Desarrollo óptimo del lenguaje

Edad	Forma	Contenido	Uso
1 año	- Balbuceo (antes de 6 meses) - Silabeo (a partir de los 6 meses)	- Dice palabras sueltas - Comprende su nombre y el de sus padres/hermanos (antes del año) - Explosión de vocabulario (18 meses)	- Señala objetos - Hace gestos con sus manos (señala con el dedo) - Hace contacto visual
2 años	- Pronuncia y se le entiende 50% de los sonidos - Combina 2 o más palabras - Inicio de la morfosintaxis	- Usa más de 50 palabras - Usa y comprende aprox. 300-600 palabras - Comprende órdenes de 2 partes	- Usa gestos simbólicos (manda besos, juega a que vuela como pájaro) - Uso de juego simbólico (finje/juega a que maneja, le da de comer a un osito)
3 años	- Pronuncia y se le entiende 70% de los sonidos - Usa oraciones simples de 3 o más palabras - Usa más de 800 palabras - Puede repetir oraciones cortas	- Comprende las funciones de las cosas, los opuestos, conceptos temporales - Comprende órdenes de 3 partes - Es consciente del pasado y del futuro - Puede seguir conversaciones largas	- Hace solicitudes, peticiones exigencias, preguntas - Usa gestos culturales (sacar la lengua) - Uso y comprensión de gestos y emociones
4 años	- Pronuncia y se le entiende 80% de los sonidos - Combina 5-7 o más palabras - Sobregeneralizaciones morfológicas (ponió)	- Comprende órdenes de 3 partes - Puede seguir conversaciones y cuentos	- Respeta turnos - Se involucra en juegos de grupo y sus reglas
5 años	- Pronuncia y se le entiende 80-95% de los sonidos, excepto /r/,/rr/ - Combina 6-8 palabras - Su gramática se parece a la del adulto	- Comprende y responde preguntas (cómo, dónde, por qué, para qué) - Interpreta lenguaje no literal (chistes)	- Se relaciona fácilmente con adultos y niños - Interactúa en juegos

Detección temprana del retraso

Signos de alerta:

Edad	
10 meses	Poco balbuceo / pocos gestos (no señala con el dedo) NO responde a su nombre
18 meses	NO hay explosión del vocabulario
2 años	Usa menos de 50 palabras NO junta 2 palabras (mamá agua; dame pan)
2;6 años	NO usa verbos (quiero, ten, toma)
3 años	NO junta 3 palabras (mamá ven acá) NO usa las palabras "chiquitas" (artículos, preposiciones)

Signos de urgencia:

Edad	
2 años	NO se le entiende ninguna palabra / menos de 50 palabras
2;6 años	NO junta 2 palabras
3 años	No usa verbos
4 años	Junta solo 2 palabras NO usa las palabras "chiquitas" (artículos, preposiciones)

— Capítulo 4: —
Cuando el lenguaje no anda bien

Una proporción significativa de los niños entre 24 y 36 meses de edad no tiene un desarrollo óptimo del lenguaje. Comienzan a producir tardíamente sus primeras palabras y también combinan palabras más tarde que sus pares. En consecuencia, los padres solicitan ayuda de un profesional para que se les haga un diagnóstico. Sin embargo, el ser clasificado como "hablante tardío" (HT) (no producir o tener retraso en palabras o no combinarlas a tiempo) no es un diagnóstico en sí (Capone & Singleton, 2018), sino un síntoma de algún problema del neurodesarrollo.

Causas principales del retraso del lenguaje

Existen diversas causas para que haya un retraso del lenguaje, pero cuatro son las principales (véase Auza, 2019; Capone & Singelton, 2018).

Hipoacusia o sordera

Según la OMS (2000), el 10% de los niños nacen sordos o con dificultades de audición. En gran medida, el tamiz auditivo neonatal puede detectar a la mayoría de los individuos con pérdida de audición, cuando existe una etiología genética o congénita. Los defectos de nacimiento también incluyen la hipoacusia y la sordera congénita; se estima que entre 2.000 y 6.000 niños nacen con estas condiciones cada año en México (Academia Nacional de Medicina, 2014). Sin embargo, en el caso de las personas con pérdida auditiva leve o moderada, que no se detecta en los exámenes neonatales, se puede evidenciar un retraso en el desarrollo del lenguaje alrededor de los dieciocho meses de edad

Trastorno Específico/del Desarrollo del Lenguaje (TEL/TDL)

Cuando se excluye la hipoacusia o sordera como la causa de los retrasos en el lenguaje, la condición del desarrollo que se debe considerar como la más prevalente es el hablante tardío. Según varios autores (Horwitz y otros, 2003; Rescorla, 2000; Zubrick, Taylor & Rice, 2007), esta condición presenta una prevalencia del 13.5%, que no es causa de problemas sensoriales, anatómicos o neurológicos. Alrededor del 75% de los HT alcanzarán a sus pares a los 36 meses de edad. Pero aproximadamente entre el 25% de estos niños continuarán con dificultades de lenguaje más acentuadas y un 5% serán diagnosticados a los cuatro años con un problema más severo del lenguaje (Reilly et al., 2018). Este diagnóstico por lo general se trata del Trastorno Específico del Lenguaje (TEL) (Leonard, 2014); quienes lo cursan, tienen dificultades principalmente en el uso de la gramática (morfología y sintaxis). En muchos casos, los niños menores de tres años, que hablan poco o nada, pasan desapercibidos en la escuela o en los servicios clínicos, ya que los retrasos iniciales en el lenguaje no suelen considerarse un problema importante que deba ser abordado por el sistema de salud y/o educación.

Discapacidad intelectual

El examen metabólico neonatal es obligatorio en muchos países y desde 1998 se ha realizado en todos los recién nacidos de México. Este examen puede detectar condiciones congénitas o metabólicas que pueden ser tratadas rápidamente para prevenir condiciones irreversibles como la discapacidad intelectual. Según la OMS (2010), la frecuencia de anomalías congénitas en el mundo es de 2 a 3% en los nacidos vivos. Sin embargo, todavía hay una gran proporción de niños con riesgo de identificación que no son detectados en los países en desarrollo. Rizzoli-Córdoba (2014) informó que el 4.2% de los niños tenían riesgo de retraso y que el 14.9% se rezagaba de sus pares, siendo los dominios de comunicación y cognición los más afectados a los 24 meses de edad. Aunque el diagnóstico de discapacidad intelectual no puede establecerse hasta la medición psicométrica del coeficiente intelectual alrededor de los 4 años de edad, los datos sugieren que en los países en desarrollo, el retraso global del desarrollo (van Karnebeek, Shevell, Zschocke, Moeschler & Stockler, 2014), con la comunicación, la cognición y otros dominios del desarrollo afectados, podría estar más generalizado por factores sociodemográficos asociados, como el consumo insuficiente de nutrientes durante el embarazo, un acceso más deficiente a la atención de la salud y los exámenes de detección, entre otros. Según la OMS (2010), se estima que alrededor del 94% de las anomalías congénitas severas se producen en países de ingresos bajos y medios. Además, en estos países el 39% de los niños menores de 5 años podrían correr el riesgo de no alcanzar su potencial de desarrollo (Black et al., 2017).

Trastorno del espectro autista (TEA)

En el tercer orden de prevalencia, los retrasos en el lenguaje de los niños pequeños pueden estar asociados al riesgo de presentar TEA, que se caracteriza por las dificultades en el uso de la comunicación social (entre otras características), aunque dichas dificultades no son exclusivamente pragmáticas (Tager-Flusberg, 2010). Esta condición es frecuente en varios trastornos del neurodesarrollo y se observa en alrededor del 1% de los niños (Fombonne, et al., 2016). Al menos la mitad de los niños con TEA que desarrollan el lenguaje, se quedan atrás de sus compañeros en el procesamiento fonológico, el uso de gestos, el juego simbólico y las rutinas sociales, el vocabulario expresivo y receptivo, la gramática (morfología y sintaxis) y la pragmática (uso social del lenguaje). El retraso temprano incluye dificultades sociales para establecer atención conjunta con los adultos y los compañeros, falta de respuesta a sus nombres (no voltean), problemas para iniciar el juego social y una producción disminuida de gestos y juego simbólico. Dichos retrasos, específicamente los que tienen dificultades para establecer una atención conjunta y la falta de respuesta a sus propios nombres, comúnmente induce a los padres a sospechar falsamente que su hijo pueda tener problemas de audición. Además, los retrasos en los resultados sociales y comunicativos, a veces no son vistos por los profesionales de la salud y la educación.

Características principales del retraso del lenguaje

Un hablante tardío es un niño pequeño entre los 18 y los 30 meses de edad que tiene un desarrollo típico en otras esferas de su desarrollo, tales como habilidades motrices y sociales, juego simbólico y social, habilidades cognitivas, pero cuyo desarrollo del lenguaje, sobre todo el expresivo manifiesta un retraso, pues tiene un repertorio escaso o nulo de gestos (entre los 9 y 12 meses de edad), una aparición tardía de las primeras palabras (después de los 12 meses), crecimiento lento del vocabulario (entre los 12-18 meses) y una aparición tardía de la combinación de palabras (después de los 24 meses). Este retraso no tiene ninguna causa aparente, tal como la hipoacusia o sordera, el trastorno global del desarrollo o la condición del espectro autista (Auza, 2019; Dale, et al., 2003; Paul, 1996; Rescorla & Dale, 2013).

Sin embargo, ciertos estudios epidemiológicos han encontrado que algunos factores ambientales (como el nivel socioeconómico y educativo de la familia y el estrés de los padres) y biológicos (como el sexo masculino, la edad gestacional, el muy bajo peso al nacer y algunas complicaciones perinatales) son predictores de un retraso de lenguaje en niños entre los 18 y los 36 meses (Rescorla, 2012). Numerosos estudios coinciden en que los HT utilizan 50 palabras (o menos) (Rescorla & Schwartz, 1990; Scarborough & Dobrich, 1990) y no combinan palabras a los 24 meses (Reilly et al., 2007; Rescorla, 1989). Estas manifestaciones se identifican mediante el uso de reportes parentales, tales como el *MacArthur Communicative Development Inventory: Words and Sentences* (-CDI- et. al., 1993; la versión mexicana del CDI: Palabras y Frases; Jackson-Maldonado, et al., 2003), o el *Language Development Survey* (–LDS- Rescorla, 1989).

Se ha estimado que entre el 13.5% (Horwitz et al., 2003; Achenbach & Rescorla, 2001) y el 19.7% (Reilly et al., 2018) de los niños entre los 18 y los 24 meses están clasificados como hablantes tardíos. Algunos estudios que han evaluado el retraso del lenguaje y el habla combinados estiman una prevalencia entre el 5% y el 8% (Burden et. al., 1996; Law et. al., 2000; Randall et. al.,1974). Pero los que han evaluado solamente el retraso del lenguaje han reportado una prevalencia con un rango mucho más amplio, entre el 2 y el 19% (Rescorla et. al., 1993; Silva et. al., 1983; Stevenson, & Richman, 1976; Wallace et al., 2015). Son niños que tienen dificultad para comprender o principalmente producir el lenguaje que no se atribuye a problemas sensoriales, anatómicos o neurológicos. Los valores de prevalencia aumentan entre el 16 y el 17.5% a los 30–36 meses (Horwitz et al., 2003; Achenbach & Rescorla, 2001). Estos niños pueden manifestar dificultad en el uso de la gramática y de la morfosintaxis, pero también en el uso del léxico, de la fonología y de la pragmática. En consecuencia, quienes lo padecen tienen dificultad no solamente para comunicarse con los demás, sino también para expresar sus necesidades personales, para integrarse en la vida social y, más adelante, para desarrollar habilidades académicas. Se estima que el 25% de los hablantes tardíos desarrollarán un TDL y el resto de ellos alcanzará a sus pares en un lapso de año y medio, aproximadamente (Fischel et. al., 1989; Paul, 1996; Rescorla & Roberts, 1997; Thal, Tobias, & Morrison, 1991). Algunas manifestaciones de la comunicación en los hablantes tardíos que han resultado predictores de un TDL son un desfase en la comprensión del lenguaje y un uso limitado de gestos comunicativos (Ellis et. al., 2010; Rowe et. al., 2012; Thal & Tobias, 1992). Sin embargo, las trayectorias de los niños con retraso resultan ser heterogéneas. Mientras que a los 24 meses, los HT no producen más de 50 palabras o no combinan dos palabras (y por eso suelen ser clasificados como hablantes tardíos), algunos pueden tener perfiles bajos en la comprensión, pero otros no; algunos pueden tener poco uso de gestos simbólicos, pero otros no; algunos tienen un ritmo más avanzado y compensan el retraso más rápidamente que otros (Jackson-Maldonado, 2004). Hace una década se publicó un estudio en el que se describen tres perfiles de niños que son hablantes tardíos (Desmarais et al, 2010). El grupo 1 (que constituía el 10% de los niños evaluados) tuvo las habilidades más bajas en el número total de vocabulario, en comprensión, en expresión, en entablar comunicación y en habilidades del desarrollo cognitivo. Este perfil corresponde a un retraso más global del desarrollo. En este grupo hubo una tendencia hacia una escolaridad materna más baja. El grupo 2 (que constituía el 26% de los niños evaluados) también tuvo habilidades bajas en el número total de vocabulario, en expresión, en entablar comunicación y en habilidades del desarrollo cognitivo, pero a diferencia del grupo 1, estos niños tuvieron mejores habilidades de comprensión. Los niños del grupo 3 (que constituía el 64% de los niños evaluados) tuvieron un rendimiento significativamente más alto que los grupos anteriores en el número total de vocabulario, en expresión, en entablar comunicación y en habilidades del desarrollo cognitivo, y por lo tanto, con un retraso menor que el de los niños de los grupos 1 y 2.

Muchas investigaciones actuales en otras lenguas han sugerido que la velocidad con que adquieren las habilidades comunicativas los niños menores de 30 meses de edad es un predictor de otras habilidades lingüísticas y cognitivas en años posteriores (Rowe et al., 2012). Existen estudios que sugieren que los hablantes tardíos tienen una comprensión léxica y un sistema de aprendizaje de palabras más lento, comparado con niños de su edad. Parece ser que tienen limitaciones en el proceso de hacer conexiones rápidas (mapeo) entre los objetos y las palabras (Ellis-Weismer & Evans, 2002). Se ha encontrado que los niños que son HT tienen dificultades para recordar palabras; las limitaciones se relacionan con tener representaciones fonológicas, léxicas y semánticas más frágiles. Dichas limitaciones impactan el procesamiento de la información, la comprensión del lenguaje, que a su vez resulta en una producción más baja del vocabulario (Ellis-Weismer et. al., 2013).

El ritmo lento que se observa en el aprendizaje lento también se refleja en las habilidades fonético-fonológicas. Los hablantes tardíos tienen un repertorio de sonidos más simples; suelen reducir las sílabas; muchas de ellas consisten en una sola vocal o una consonante + la vocal (Carson et. al., 2003; Rescorla & Ratner 1996, Rescorla et. al., 2000). Además, las habilidades fonéticas y fonológicas de los hablantes tardíos tienden a retrasarse cuando se comparan con los niños de su edad. En hablantes tardíos pequeños de 24 a 31 meses de edad, el uso reducido de consonantes fue muy consistente en dos contextos: tanto en pruebas estructuradas como en juego libre, los niños con desarrollo típico produjeron casi el triple de variedad de tipos de consonantes que los hablantes tardíos (Mirak & Rescorla, 1998).

En la siguiente tabla puede hablarse de varias características que podrían ayudar a hacer un diagnóstico diferencial entre los hablantes tardíos que se presenta (✓: con presencia de la característica; X: sin la característica; ✓/ X podría o no presentarla):

	Hablante tardío (puro)	HT con riesgo de TDL	Trastorno Global del Desarrollo	Trastorno del Espectro Autista
Habilidades disminuidas en aspecto expresivo (producción):	✓	✓	✓	✓
Habilidades disminuidas en aspecto receptivo (comprensión):	✓/✗	✓/✗	✓	✓/✗
Habilidades cognitivas disminuidas	✗	✗	✓	✓/✗
Habilidades disminuidas en comunicación social	✗	✗	✓/✗	✓
Uso disminuido de gestos simbólicos	✓	✓	✓	✓
Habilidades fonético-fonológicas disminuidas (reducción de sílabas, uso de pocas consonantes)	✓/✗	✓	✓	✓/✗
Influencia del medio social y educativo	✓	✓	✓/✗	✓/✗
Habilidades disminuidas en funciones ejecutivas	✗	✗	✓	✓
Limitaciones en hacer conexiones rápidas (mapeo) entre objetos y palabras	✓/✗	✓	✓	✓/✗
Resistencia al tratamiento	✗	✓/✗	✓	✓/✗

Además de las características descritas sobre cómo comprenden y se comunican los niños que tienen un retraso del lenguaje, también debe hablarse de factores socioambientales externos al niños que influyen en las experiencias comunicativas. En un estudio comparativo de diferentes países del mundo se observó que sólo el 48% de los niños menores de 3 años tienen un adulto que les lea. También se observaron disparidades sobre el acceso a libros en casa que puede variar entre el 29 y el 56%. No obstante, estas cifras pertenecen a países no hispanohablantes y en países latinos esta cifra es diferente. En un estudio reciente en el que se aplicó una encuesta en Chile, Ecuador, Guatemala, México y Estados Unidos para evaluar las características de uso del lenguaje y las experiencias con el uso de libros y material impreso se encontró que en promedio, las familias tienen entre seis y 20 libros. Además de tener poco material de lectura, la frecuencia con la que los padres incitan a los niños a involucrarse con la lectura está asociada con el interés que manifieste el niño. También, el interés del niño por la lectura y la actitud hacia la lectura tienen una alta correlación entre sí. En general, la frecuencia con que los padres o cuidadores dedican tiempo a la lectura compartida con su hijo se asocia con la frecuencia con que los niños actúan de forma espontánea e independiente en actividades de lenguaje como cantar o contar cuentos (Batz, et al., en revisión).

Además hoy más que nunca, el uso excesivo de pantallas (celular, tabletas, televisión, computadora) ha impactado negativamente en el sueño, el juego, el estudio, el lenguaje y la comunicación de los niños. En un estudio reciente se encontró que los niños pequeños que ven 2-3 horas de televisión tuvieron un riesgo de retraso en el lenguaje 2.7 veces mayor que los que vieron menos de 1 hora. Pero los niños expuestos a más de 3 horas por día tuvieron un aumento en el riesgo de un retraso del lenguaje aproximadamente de tres veces más (Byeon & Hong, 2015). También se observó que los niños que ven más televisión a los 29 meses de edad están menos preparados para la escuela a los 65 meses de edad, con menos vocabulario, menos participación en el salón de clases y menos conocimiento de los números, además de otros problemas asociados a la cantidad de horas que ven televisión, como obesidad, problemas de sueño, problemas de salud mental y otros (Domingues-Montanari, 2017).

Es innegable la importancia de estos medios de comunicación en nuestras vidas, pero al mismo tiempo se han hecho recomendaciones (véanse las hechas por la página de la Academia Americana de Pediatría) para que la calidad de uso sea la adecuada. Por ejemplo, se ha recomendado que los niños menores de 24 meses NO usen este tipo de aparatos; en cambio, que se privilegie el juego y la interacción con otras personas. Algunos programas educativos, como Plaza Sésamo® pueden tener una influencia positiva, siempre y cuando los niños estén acompañados por sus padres o cuidadores para ayudarles a entender e interpretar lo que ven en las pantallas.

Entre las recomendaciones más valiosas para los niños entre 18 y 5 años de edad se encuentran:

Menores de 18 meses	Evitar el uso de pantallas que no sean video-llamadas	0 minutos
18 a 24 meses de edad	Programación de alta calidad acompañando siempre a sus hijos	30 minutos al día
2 a 5 años de edad	Programación de alta calidad acompañando siempre a sus hijos	60 minutos al día

RESUMEN

- Un hablante tardío (HT) es un niño entre los 18-30 meses que manifiesta un retraso en la aparición de las primeras palabras y de la combinación de éstas, así como una reducción del repertorio fonológico, en comparación con otros niños de su edad. Este retraso no tiene una causa reconocible aparente.
- Existen algunos factores que actúan como predictores de un retraso del lenguaje:
    - *a. Ambientales:* nivel socioeconómico y educativo de la familia, estrés parental.
    - *b. Biológicos:* sexo masculino, edad gestacional, bajo peso al nacer, complicaciones perinatales.
- Para identificar las manifestaciones comunicativas de un niño con retraso del lenguaje se aplican reportes como uno de los instrumentos más confiables para detectar el riesgo.
- La evidencia empírica predice que el 25% de los hablantes tardíos desarrollará un TDL, mientras que el resto de ellos alcanzará a sus pares en un lapso de año y medio, aproximadamente.

Dificultades para la identificación de hablantes tardíos

Hasta aquí se ha resaltado que hay una urgencia para tomar acciones globales para dar apoyo a las familias y mejorar el aprendizaje en etapas tempranas, sobre todo en poblaciones atípicas, como niños con problemas de atención o niños dentro del espectro autista. Los países que ofrecen una intervención temprana son considerados en desarrollo. Sin embargo, en México esta ayuda no es sistemática, puesto que hay centros donde existe la ayuda, pero se encuentran saturados, mientras que hay otros en los que no existen especialistas en las diversas discapacidades o condiciones, o bien, se encuentran en lugares muy distantes de la mayoría de la población necesitada.

Otro problema que prevalece tanto en la comunidad clínica y científica, especialmente entre pediatras y psicólogos es que el retraso del lenguaje no se considera un tema serio. La antigua perspectiva de "espera y veamos qué pasa en unos años" continúa arraigada, como parte de una mirada de que el retraso se corrige solo. Pero esta perspectiva tiene consecuencias a largo plazo en las habilidades lingüísticas y cognitivas de los chicos que cursan con el retraso. Según Singleton & Capone (2018), una de las consecuencias es que los hablantes tardíos de 24 meses tienen menos habilidades lingüísticas y de memoria en la niñez y en la adolescencia. La intervención temprana les ayuda a enriquecer y a cambiar la trayectoria de su desarrollo en diversos aspectos como en el vocabulario, en la construcción sintáctica, en el uso de la morfología, en sus habilidades narrativas y en su preparación para la lectura. Otra consecuencia es que un número significativo (25%) de hablantes tardíos desarrollarán un trastorno específico/del desarrollo del lenguaje (TEL/TDL). Este trastorno, como se sabe es hereditario y tiene consecuencias a lo largo de la vida e impacta diferentes áreas sociales y académicas (Leonard, 2014). Finalmente, no existe todavía una descripción clara sobre un conjunto de rasgos infalibles que puedan predecir quiénes mejorarán su desempeño lingüístico con poca intervención y quiénes perdurarán con el retraso.

— Capítulo 5: —
Actuemos pronto

La importancia de la intervención temprana y su relación con la plasticidad cerebral

La intervención temprana puede definirse como "un conjunto de actividades dirigidas hacia una población específica". Tiene el objetivo de prevenir un problema en el desarrollo y dar oportunidades para mejorarlo (Echeverría et. al., 2001).

Con mucha frecuencia se habla de la importancia de intervenir oportunamente en los procesos de adquisición del lenguaje. Pero ¿cuál es la evidencia científica que respalda esta sugerencia? En los primeros años de vida, los factores genéticos interactúan con diferentes experiencias motoras, sensoriales y emocionales. La plasticidad del cerebro en los primeros años es fundamental para desarrollar habilidades sociocomunicativas, por lo que una intervención temprana y enfocada al problema aumenta la probabilidad de que el cerebro asimile la estimulación (Vicari & Auza, 2017).

Desde hace muchos años, pero con especial énfasis en la última década, se ha afirmado que el desarrollo infantil temprano se caracteriza por períodos sensibles para desarrollar habilidades cognitivas, entre ellas, el lenguaje. Los períodos sensibles están ligados al desarrollo del cerebro en el que interactúa activamente la genética con el ambiente. La plasticidad cerebral durante los primeros años de vida es mayor, dado que el cerebro se encuentra en formación. La influencia del medio es fundamental, desde el tipo de consumo alimenticio hasta las interacciones a las que el niño está expuesto. Algunos estudios han encontrado que la participación de ciertos neurotransmisores es esencial en los procesos de maduración del cerebro. Por ejemplo, el llamado GABA es un regulador importante de la excitación neuronal. Es responsable de la plasticidad del cerebro del bebé en un período crítico del desarrollo (Hensch, 2005). Pero la arquitectura del cerebro se basa en interacciones dinámicas entre la genética y los factores psicosociales que influyen en la expresión genética y son capaces de modificar la estructura y el funcionamiento del cerebro (Walker, et al., 2011). En la literatura se habla de períodos críticos y sensibles. Mientras que los primeros se caracterizan por una mayor sensibilidad a ciertos períodos de tiempo claramente definidos en los que la exposición durante ese período es irreversible, los períodos sensibles son ventanas más amplias de tiempo de exposición en las que la plasticidad puede continuar, aunque de forma más reducida, y no es necesariamente irreversible (Bornstein, 1989).

Según Walker, et al., (2011) existen tres procesos de cambio que subyacen al desarrollo cerebral: el tiempo, la dosis y la reactividad diferencial. El tiempo se refiere al momento del desarrollo en períodos sensibles específicos en los que los factores extrínsecos y ambientales tienen su máxima influencia sobre el desarrollo del cerebro. Por ejemplo, el tiempo de vida entre el nacimiento y los 2 años es un período sensible para el desarrollo físico, cognitivo y es predictor del éxito escolar. La dosis se refiere a los factores protectores o de riesgo que se acumulan en un período sensible y que tienen un efecto beneficioso o perjudicial en el desarrollo biológico y conductual del niño. Por ejemplo, la nutrición materna en la etapa pre y perinatal, la nutrición del propio niño, las toxinas ambientales, la educación materna, la depresión materna, las oportunidades para aprender e interactuar socialmente entre un niño y un adulto, la exposición a la violencia, entre otros, son factores protectores o de riesgo que influyen en el desarrollo cerebral temprano (Walker, et al., 2011). De la misma manera, en el dominio denominado "cuidado infantil" deben considerarse diversos constructos como el apoyo para aprender, proveer ambientes estimulantes, establecer límites, alternancia de los cuidadores del niño, responsividad e involucramiento parental, síntomas de depresión materna e interacción entre el adulto y el niño (Frongillo et. al., 2014).

La reactividad cerebral se refiere a cómo las características del niño y de su ambiente pueden moderar el efecto protector o de riesgo sobre el desarrollo del cerebro y su funcionamiento. Por ejemplo, existe un efecto protector de la educación materna en el desarrollo del niño. Se ha observado que existen niveles más bajos de depresión, mayor conocimiento sobre el desarrollo infantil, un mejor ambiente y estrategias de crianza infantil, así como un mejor estado nutricional del niño. También, a mayor educación materna, el niño tiende a estar en un ambiente más estimulante, la madre puede percibir más fácilmente las diferencias sobre la trayectoria de desarrollo, tiene mayores aspiraciones para su hijo, mayor capacidad para acceder a una intervención, mayor involucramiento y mejor comprensión del material que se proporciona en este tipo de servicios (Walker, et al., 2011).

¿Esperar para recibir ayuda?

Casi siempre escuchamos a los pediatras, a los maestros o psiquiatras infantiles recomendar a los padres que esperen un tiempo y vean qué pasa con el lenguaje. Es muy común que se diga que es "normal" no hablar hasta los 3 años. Hay una serie de mitos que provocan que los padres, aun estando preocupados, no acudan a buscar ayuda profesional. Cuando un niño cursa con un retraso del lenguaje (hablante tardío) existen dos posibilidades: que siga con el retraso varios meses o varios años y que posteriormente alcance el desarrollo "normal" un tiempo después (si se trata del 75% de los niños de los que se dice que hay una "recuperación espontánea"), o bien, que siga con el retraso varios meses o varios años y que posteriormente su desarrollo siga lento, de tal forma que el retraso se convierta en un problema más serio (si se trata del 25% de los niños que desarrollarán un trastorno del desarrollo del lenguaje).

Una intervención temprana tiene una huella positiva en el desarrollo lingüístico. Por ejemplo, si un niño de 24 meses que tiene menos de 50 palabras, digamos 15, se ubicaría debajo del percentil 10, lo cual indica que su retraso es importante y debe recibir intervención. Si el niño recibe intervención inmediata y oportuna, su desarrollo puede tener un ritmo más acelerado en un menor tiempo, lo que le da mayores posibilidades de que el lenguaje se organice mejor y que además tenga posibilidades de poder comunicar sus necesidades y gustos a temprana edad. Si este mismo niño NO recibe la intervención inmediata y oportuna, porque sus padres así lo deciden por seguir los consejos de un pediatra, neurólogo, maestro o familiar, lo más probable es que el lenguaje sí se desarrolle, pero a un ritmo mucho más lento (hasta año y medio más lento que si hubiese recibido la intervención temprana).

Aproximadamente, por 6 meses que se retrase la intervención, el desarrollo se retrasa entre 18 y 24 meses. Esto no significa que el niño no hablará; lo hará, pero el impacto del retraso se comienza a reflejar en otras esferas del desarrollo. Desde los 3 años empezarán a notarse rezagos en la lectura, la interacción social y las actividades académicas (Landry et. al., 2006; Landry et. al., 2017).

En muchas ocasiones, los padres llegan a consulta porque su niño no habla o habla poco. Sin embargo, son los mismos padres los que le restan importancia el retraso y no le dan peso a una de las habilidades que merece mayor atención en el desarrollo infantil. Una forma muy común de restarle importancia al retraso es cuando mencionan a algún familiar que tampoco hablaba y luego lo logró "superar solo". Lo que no saben los padres es que de los niños cuyo retraso de lenguaje es notorio, según las estadísticas del retraso del lenguaje en otros países, hay un 25% de niños que no lograrán "superar" el retraso sin ayuda; más aún, además de mantenerse en el problema inicial, desarrollarán dificultades en la gramática durante los años preescolares. Uno de los estudios longitudinales más relevantes sobre este tema se realizó con 958 pares de gemelos de 18 meses (Dale & Hayiou, 2013). En este estudio se evaluó a los niños a esta edad y posteriormente cuando tenían 5 años y hasta los 14 años. Los resultados mostraron que a los 12 años casi todos los chicos tenían un lenguaje típico, pero en un rango inferior que los chicos de su misma edad, sobre todo en ciertas habilidades lingüísticas como comprensión de lenguaje oral y escrito. La importancia de este estudio es, por un lado, que la cantidad de niños gemelos explorados da robustez a los resultados y permite comparar las diferentes habilidades lingüísticas en un estudio de seguimiento de muchos años. Por otro lado, el estudio con gemelos permite analizar cómo varía el desarrollo en individuos que nacieron de la misma madre, en el mismo ambiente social, cultural y económico, y aun así uno de los dos niños tiene un desarrollo con retraso en el lenguaje. Es así como puede estudiarse la varianza determinada por la genética, por el ambiente o por ambos.

En otra investigación donde se incluyeron a 3905 niños que fueron evaluados a los 2 años, se encontró que ser varón y no haber producido la primera palabra a los 12 meses de edad, además de pertenecer a una familia con bajo nivel educativo podían ser factores predictores de un retraso en el lenguaje (Prathanee et. al., 2007). A partir de los resultados de esas investigaciones se puede apreciar que la genética tiene un papel muy importante en el desarrollo del lenguaje, al igual que en otras habilidades del desarrollo infantil.

¡Pero no todo está dicho por la genética! Una intervención temprana puede hacer la diferencia en el desarrollo del lenguaje del niño.

Sobre la frecuencia y continuidad en la intervención

Antes nos referimos al concepto de dosis de los factores protectores que tienen un efecto beneficioso en el desarrollo del niño. Al igual que cualquier tratamiento, en el lenguaje es necesario tener "dosis" de intervención, o sea, una cantidad suficiente de sesiones de exposición a un tratamiento, con objetivos terapéuticos específicos. Esto es especialmente importante en niños con dificultades para aprender el lenguaje, dado que pueden requerir hasta el doble de tiempo para comprender y producir una palabra nueva. Por ejemplo, se sabe que los niños con trastorno del desarrollo del lenguaje (TDL) pueden requerir entre 49 (Gray, 2003) y hasta 120 ensayos (Camarata et al., 1994) para producir una palabra, mientras que los niños con desarrollo típico requieren la mitad de las veces. Estos resultados indican que una administración concentrada y frecuente provee mayores ganancias del lenguaje expresivo. Esta concentración se ha podido observar en terapias sintácticas intensivas de 8 semanas (Law et al., 2004), en las que los niños con TDL aprenden y retienen mejor los verbos aprendidos (Riches et. al., 2005).

RESUMEN

- La plasticidad cerebral juega un papel importante en la intervención temprana, pues ya que el cerebro aún se encuentra en formación, es posible que los períodos críticos y sensibles se aprovechen, de modo que aumenta la probabilidad de que el cerebro asimile los estímulos de la intervención.
- El tiempo, la dosis y la reactividad cerebral son los tres procesos de cambio que subyacen al desarrollo del cerebro y están ligados al momento en los períodos sensibles donde los factores ambientales y extrínsecos ejercen mayor influencia en el desarrollo del cerebro, así como la actuación de factores protectores o de riesgo y su moderación a través del ambiente y las características del niño.
- Existen varios mitos en torno al retraso del lenguaje, cuyas consecuencias pueden ser adversas para el niño, pues ocasionan que los padres no acudan en busca de ayuda profesional.
- La intervención debe ser organizada en pequeñas dosis con objetivos específicos que sean aplicadas con una frecuencia establecida.

— Capítulo 6: —
Lo que sí importa

Factores que intervienen en el desarrollo infantil

En diferentes programas de intervención se ha observado que los padres necesitan tener presentes algunos factores llamados "de protección" con los que se crean ambientes más sanos y enriquecidos para sus hijos. Así que antes de hablar sobre los programas de intervención del lenguaje, es conveniente mencionar algunos "factores de protección" que los padres deben considerar. Aquí se enumeran algunos:

Sensibilidad parental

La sensibilidad parental es la capacidad de percibir e interpretar de forma precisa las señales que un niño da y la reacción apropiada que los padres tienen ante dichas señales (Ainsworth et. al., 1974). En especial, se han observado las reacciones de los padres o cuidadores y sus habilidades para involucrarse en interacciones comunicativas (Bradley & Corwyn, 2005; Raviv et. al., 2004) son importantes en distintas áreas del desarrollo (Cabrera et. al., 2007; Tamis-LeMonda et. al., 2004). En algunos casos, los padres no perciben o no se adaptan a las necesidades infantiles, por una variedad de factores.

Dos de los más relevantes han sido el económico y el educativo (Bornstein et. al., 2007; Cabrera et al., 2007; Farkas et al., 2015; Pelchat, et al., 2003; Santelices et al., 2015; Tamis-LeMonda et al., 2004). Los padres que tienen menos años de escolaridad suelen encontrarse en situaciones económicas difíciles y deben dedicar más horas a trabajar, a estar fuera del hogar y en consecuencia, a invertir menos tiempo a las interacciones con sus hijos (Vinson, 2012).

Un estudio reciente mostró que en un contexto de intervención de niños con retraso severo del lenguaje, un trabajo terapéutico que mejore los niveles de respuesta sensible de los padres y cuidadores genera mejorías significativas en las habilidades lingüísticas expresivas de los niños (Nwosu, 2016). También se ha observado que la promoción de un "habla contingente" suele tener un efecto positivo en el desarrollo del vocabulario infantil. En un estudio en el que se dio una intervención de "habla contingente" se encontró que los niños de 18 meses podían aumentar 60% su vocabulario, con tan solo 15 minutos diarios y que comparados con los niños cuyos padres no realizaban este tipo de habla dirigida podían tener una ventaja de cuatro meses en su producción léxica (McGillion et al., 2017).

Conocimiento del desarrollo infantil

Saber qué esperar sobre el desarrollo del niño en diferentes momentos de la vida es un componente fundamental para mejorar la sensibilidad de los padres, de modo que puedan percibir e interpretar los signos que manifiesta el niño (Ainsworth et al., 1974). Esto resulta aún más importante en el caso de niños con un retraso en alguna habilidad del desarrollo. En un estudio mexicano (Caruvuu et. al., 2002) se demostró que una de las principales preocupaciones de los padres sobre el desarrollo de sus hijos es el lenguaje, aunque la preocupación mostrada no es precisa sobre algún aspecto lingüístico en concreto. En ocasiones, resulta difícil determinar si esta dificultad para identificar los problemas es consecuencia de una falta de información en los padres o bien una falta de sensibilidad ante los problemas. Los padres no siempre saben sobre las pautas del desarrollo y cuáles serían los signos de alarma que los pudiesen poner en alerta.

Tiempo de calidad con el niño

A veces, más es menos. Esto quiere decir que estar todo el tiempo con el niño no garantiza calidad en la interacción. Lo que fortalece una interacción es cómo pasan el tiempo los padres con su hijo. Si los padres no se involucran en las interacciones, el tiempo puede resultar irrelevante (Warren & Brady, 2007). Esto quiere decir que tanto las interacciones sociales que tienen los niños con sus familias y el tiempo invertido en ellas deben ser de calidad para que muchas habilidades, incluidas las del lenguaje, se desarrollen correctamente. Es importante reconocer que las interacciones se ven influidas por creencias y patrones culturales que definen la participación de los niños en la sociedad y la sensibilidad de los padres ante las necesidades de sus hijos. Los padres que invierten tiempo en responder a las necesidades del niño, que saben qué esperar en una situación dada, que ponen límites, que crean un ambiente propicio para la interacción están dando las bases para reforzar las habilidades sociales y comunicativas del niño. Así, ser un padre o madre sensible resulta clave para comprender cómo ocurre un desarrollo cognitivo, emocional, lingüístico y social en su hijo (Shin et. al., 2008; Warren & Brady, 2007).

Por otro lado, se ha observado que los niños que se encuentran dentro de ambientes enriquecidos adquieren las habilidades y destrezas propias de su edad de manera más temprana y eficiente: También, desarrollan vínculos afectivos más fuertes que les permiten adaptarse mejor a su entorno y experimentar menores niveles de frustración (Farkas, 2009). Pero esto no siempre es posible cuando los niños viven en contextos de vulnerabilidad social y económica, como es el caso de muchas familias latinoamericanas. Por ejemplo, muchos estudios han encontrado que el volumen de la masa cortical depende de la educación de los padres, ligada casi siempre al nivel socioeconómico. En uno de los estudios más grandes que se han hecho sobre la relación entre el desarrollo de la estructura del cerebro se encontraron asociaciones entre la educación parental y el nivel socioeconómico de las familias y el cambio morfológico de ciertas regiones cerebrales. Estos estudios han reportado que tan sólo el incremento de un año de escolaridad parental es suficiente para que se incremente también el área de la superficie cerebral durante la niñez y también en la adolescencia. Parece ser que estos factores sociales son críticos para el desarrollo del lenguaje y las funciones ejecutivas (Noble, et al., 2015).

RESUMEN

- Con el objetivo de crear ambientes sanos y enriquecidos para los niños, es preciso que padres y cuidadores tengan presentes los factores de protección:

    a. *Sensibilidad parental*: se refiere a la capacidad de percibir e interpretar las señales del niño, así como reaccionar de la manera adecuada. Dos factores de riesgo tienden a ser el económico y el educativo.

    b. *Conocimiento del desarrollo infantil*: es esencial para mejorar la sensibilidad parental, pues conocer sobre las pautas del desarrollo los mantiene alerta ante posibles signos de alarma.

    c. *Tiempo de calidad*: el tiempo invertido en las interacciones con el niño debe ser de calidad para que las habilidades comunicativas se desarrollen óptimamente.

— Capítulo 7: —
Estrategias de intervención temprana

De acuerdo con la ASHA, las estrategias de intervención temprana pueden 1) *apoyar* la adquisición y el uso del lenguaje o 2) *habilitar* la expansión del repertorio lingüístico a través de la adquisición de nuevas palabras, estructuras y morfemas gramaticales.

Las estrategias de *apoyo* se basan en *actitudes* de los padres y cuidadores, así como en *oportunidades* para que los niños se comuniquen. Por ejemplo, ser más responsivos ante los intentos de comunicación del niño, darle tiempo suficiente para que responda, fomentar las interacciones sociales, elegir actividades de interés para el niño. Si los padres son responsivos, se promueve el interés y el comportamiento comunicativo, pues la capacidad de respuesta de los padres influye positivamente en la motivación intrínseca del niño (Deci & Ryan, 2000; Weitzman, Girolametto & Greenberg, 2006). Siempre hemos pensado que un exitoso proceso terapéutico requiere de la presencia colaborativa de la familia, lo que además está respaldado por la ciencia (Ato et al., 2009; Ferinu et al., 2020; Guiberson et al., 2011). También se sabe que la intervención de los niños es más efectiva, cuando los padres tienen actitudes positivas. Así, las terapias e intervenciones son eficaces cuando los padres tienen un grado mayor de sensibilidad ante el retraso del lenguaje (Peñaloza et al., en prensa), lo que promueve mejores resultados en las habilidades expresivas de los niños (Nwosu, 2016).

Las estrategias de *habilitación* para la expansión del repertorio lingüístico son más explícitas y directas, como hacer expansiones de lo que dice el niño, modelar el lenguaje a través de sus compañeros, usar respuestas de cierre, descripciones, comentarios, definiciones y usar pistas directas para facilitar la producción del lenguaje en el contexto inmediato.

Para que las estrategias de intervención sean exitosas, es necesario conocer la importancia de manipular el contexto físico y social de aprendizaje. Esto incluye la manipulación del espacio, el uso de ciertos juguetes o materiales, la secuencia y duración de las actividades (McWilliam et. al., 2001). Existe mucha evidencia científica que promueve el aprendizaje en contextos naturalistas. Algunas de las estrategias de intervención que promueven el desarrollo del lenguaje en edades tempranas son: *(a)* arreglar el medio donde se proporcionan oportunidades para comunicarse con los materiales o juguetes preferidos, *(b)* alentar la iniciativa del niño y tomar en cuenta sus intereses, *(c)* intercalar actividades preferidas y no preferidas, *(d)* integrar la instrucción en el ambiente natural, *(e)* ofrecer opciones y alentar la toma de decisiones, *(f)* usar refuerzos naturales para promover lo que el niño trata de comunicar, *(g)* usar el tiempo de espera para obtener una respuesta verbal, *(h)* usar la imitación contingente, y *(i)* estructurar la previsibilidad y la toma de decisiones en la actividad (tomado de la ASHA).[1]

---

[1] https://www.asha.org/policy/GL2008-00293/#r293

También se ha encontrado que ciertas técnicas de intervención como la expansión, la reformulación, el habla paralela, la retroalimentación, las claves visuales y las oportunidades de interacción son excelentes herramientas terapéuticas para incrementar el tamaño o longitud de las emisiones, el número total de palabras y palabras diferentes (diversidad léxica), así como aumentar la inteligibilidad de las emisiones que producen los niños (Gladfelter et. al., 2011).

A continuación se revisan algunas técnicas de intervención que son útiles no sólo en la intervención temprana, sino en otras edades y en otros tipos de aproximación terapéutica.

Técnicas que facilitan el lenguaje en el juego

Con base en algunos estudios (Roth & Baden, 2001; Roth & Paul, 2007), el lenguaje puede estar dirigido al niño de forma indirecta o directa. A la forma indirecta se le denomina *Lenguaje para uno mismo*, y se basa en observar la acción del niño, de modo que el adulto se engancha en la misma acción para establecer un habla indirecta:
Ejemplo:
- Adulto: "Estoy haciendo una torre de cubos. Es una torre alta con cubos rojos, amarillos y azules".

A la forma directa se le denomina *Habla en paralelo*. Se sigue el mismo procedimiento anterior, pero el adulto se dirige al niño:

Ejemplo:
- Adulto: "Estás haciendo una torre de cubos. Es una torre alta con cubos rojos, amarillos y azules. ¿Te gusta? ¿Te ayudo?".

Estas formas de dirigirse al niño, especialmente la forma directa o habla en paralelo, se emplean como un recurso fundamental dentro del modelo de la enseñanza ambiental, mejor conocida como *milieu teaching*.

Este modelo de intervención lingüística temprana se basa en la conversación cotidiana para promover las iniciativas comunicativas del niño que utiliza (Hart & Rogers-Warren, 1978). La enseñanza ambiental tiene como punto inicial llamar la atención del niño para enseñarle la forma y el contenido del lenguaje en contextos habituales para el niño. Varios autores sugieren combinar los contextos naturalistas y los clínicos, con la participación de los padres para enseñar el lenguaje a sus hijos (Calleja et. al., 2014).

La enseñanza ambiental contiene cuatro pasos: (a) arreglar el contexto para aumentar promover que el niño tenga una iniciativa comunicativa con el adulto, (b) seleccionar objetivos específicos apropiados para el nivel de habilidades que tiene el niño, (c) responder a las iniciativas y facilitarlas con entradas (*prompts*) acordes con las habilidades del niño, y (d) reforzar los intentos comunicativos del niño proporcionando acceso a los objetos solicitados, manteniendo la interacción y dando expansiones. Este enfoque es particularmente útil en grupos pequeños para orientar al niño en contextos comunicativos naturalistas y reales (Hancock & Kaiser, 2009). Aun en condiciones desfavorecedoras, es decir, con menos de los requisitos que establecen Hancock y Kaiser, puede favorecerse el inicio del lenguaje en los niños hispanohablantes que presentan un retraso (Calleja et al., 2014).

El lenguaje: técnicas uno a uno

Las actividades individuales ayudan a que el niño construya su conocimiento y se desarrolle a su ritmo de aprendizaje. Las actividades individuales facilitan el cumplimiento de metas propias de cada individuo basadas en sus necesidades particulares. Algunas técnicas comunes en la práctica individual son las siguientes:

1. *Expansiones.*

A partir de lo que dice el niño, el adulto reformula la emisión en una versión más completa o compleja gramaticalmente.

Ejemplo:
- Niño: "Gatito toma agua".
- Adulto: "Sí, el gatito está tomando agua".

2. *Extensiones.*

El adulto toma la emisión del niño como base para decir algo que le informe y aporte al niño.

Ejemplo:
- Niño: "Gatito toma agua".
- Adulto: "Sí, es que tiene mucha sed".

3. *Reformulaciones.*

El adulto toma la emisión del niño como base para crear una nueva emisión que contenga otra estructura.

Ejemplo:
- Niño: "Gatito toma agua".
- Adulto: "¿Crees que el gatito está tomando agua?".

El lenguaje: técnicas de grupo

Cuando se trabaja en grupo se atienden necesidades al mismo tiempo comunes entre los niños, aunque diferentes por sus propias condiciones individuales. Las actividades en grupos pequeños atienden el aprendizaje de la colaboración y la cooperación. Además, fomentan la interacción con otros compañeros y ayudan a la construcción del conocimiento social, la empatía y el conocimiento lingüístico. Las interacciones sociales facilitan el aprendizaje mediante la observación de las acciones del otro. Aquí algunas de las más útiles:

1. *Atender.*

Es necesario hacer ver al niño que lo que dice está siendo escuchado.

Ejemplo:
- Adulto: "Escuché que Ana dijo... ¿Alguien quiere preguntarle algo a Ana?".

2. *Negociar.*

Para los niños pequeños y de todas las edades, ayudarlos a poner en palabras cómo decidir, lograr un objetivo o replantearlo puede mejorar su interacción con los demás. A veces puede ser muy frustrante no poder decirlo en palabras.

Ejemplo:
- Adulto: "Estamos pegando calcomanías por turnos ¿Quieres hacerlo después de Mau? Puedes decir "<< ¡Es mi turno! >>".

3. *Responder a sentimientos o emociones.*

El niño necesita saber que entendemos su sentir tanto de sentimientos positivos (emoción, alegría), pero, sobre todo, de los negativos (frustración, aislamiento).

Ejemplo:
- Adulto: Veo que te enoja hablar de... Puedes decir que estás enojado.

4. *Focalizar.*

Los períodos de atención en los niños suelen ser cortos, aunque, con la edad y la ayuda de un adulto, mejoran en mantener el tema de juego-trabajo. Si se necesita que el niño atienda o complete una actividad, es útil el no favorecer temas secundarios.

Ejemplo:
- Adulto: "Ahora estamos platicando de cuáles son las reglas del juego… ¿Alguien quiere preguntar sobre alguna regla?"

5. *Resumir.*

Cuando terminamos una actividad es muy ventajoso revisar lo que se ha dicho y mencionar los siguientes pasos para alcanzar el objetivo de la actividad.

Ejemplo:
- Adulto: "Lo que hemos hecho es armar una granja para los animales. Lo que vamos a hacer ahora es encontrar sólo a los animales de la granja para meterlos".

6. *Modelar.*

Hacer una demostración sobre alguna habilidad del lenguaje es una manera útil para que el niño la repita después de que el adulto la plantea.

Ejemplo:
- Niño: "No guta"
- Adulto: "Cuando estoy enojada, digo '¡Alto! ¡Eso no me gusta!'".

Programas de intervención temprana

Existen múltiples programas de intervención temprana que ayudan a que los niños mejoren sus habilidades comunicativas y del desarrollo en general. Pero para saber qué método es el más eficaz deben considerarse algunas variables en los niños, como la edad, la severidad del problema y el tipo de dificultades del lenguaje, además de otras dificultades concurrentes. Cuando se consideran diferentes métodos también se toma en cuenta quién (terapeuta del lenguaje, asistente, monitor, maestro, padre), cómo se ofrece el programa (terapia individual o grupal) y, si el programa es grupal, cuántos niños hay (si es un grupo pequeño o grande), y dónde se ofrece (clínica, escuela, casa).

Cuando se interviene en ambientes naturales, (o también llamada intervención ecológica) el niño tiende a aprender con mayor facilidad. De acuerdo con el programa de *Early Start* en Estados Unidos, un ambiente natural es en espacio, la casa del propio niño o un lugar de cuidados infantiles o la casa de algún familiar. En cuanto a las personas, un ambiente natural se establece cuando el niño se ve rodeado de personas cercanas, como sus padres, abuelos, tíos, vecinos o amigos frecuentes de la familia. En cuanto a los objetos, cualquier juguete, libro o cosas de la casa que el niño conozca puede ser útil para estimular al niño. Estos objetos deben usarse en actividades que el niño disfrute o bien, que sean rutinas de la vida diaria, tales como comer, bañarse, ver cuentos, o participar en actividades dentro de la comunidad, como ir al mercado, ir a la tienda o subirse a un medio de transporte. Un ambiente natural es el lugar con los objetos, juegos y actividades que permiten incluir al niño en las rutinas familiares y sociales con el objeto de que desarrolle sus propias habilidades. Siempre es conveniente que el adulto detecte lo que le gusta hacer al niño para poder interactuar con él, y no al revés, forzar a que el niño haga lo que el adulto quiere.

Algunos programas en el mundo han sido diseñados para intervenir en ambientes desfavorables económica y socialmente, con los que se han visto cambios significativos en niños que, en principio y sin ninguna intervención, habrían desarrollado pocas habilidades comunicativas. Algunos programas conocidos, como *Baby signs*®, desarrollado por Susan Goodwyn y Linda Acredolo; *Gestos que hablan*, basado en *Baby signs*, de Chamarrita Farkas o *Thirty million words*, de Dana Suskind, muestran la trascendencia de la intervención para los niños quienes presentan retraso, muchos de ellos por falta de estimulación temprana en el ambiente (Farkas, 2009). Otro más llamado *It Takes Two to Talk*® es un programa de intervención temprana del lenguaje centrado en la familia de niños menores de 5 años (Weitzman, Girolametto & Drake, 2017. A continuación se describen brevemente estos programas de intervención temprana, así como las recomendaciones de instancias internacionales.

El programa Baby Signs®[2]

El programa *Baby Signs*, creado por las psicólogas Linda Acredolo y Susan Goodwyn, ambas de la universidad de California, ayuda a los bebés a desarrollar habilidades tanto de lenguaje como cognitivas.

---

[2] Fuente:
https://www.babysignstoo.com/
https://www.guioteca.com/educacion-para-ninos/baby-signs-lenguaje-de-senas-para-hablar-con-los-bebes/

Los estudios demuestran que los bebés que practican el programa desarrollan su lenguaje antes y tienen un vocabulario más amplio cuando comienzan a hablar. Esta capacidad básica de comunicarse antes de que puedan hablar les da a los bebés un gran impulso para su autoestima, les ayuda a los padres y cuidadores a apreciar la inteligencia de sus bebés y puede reducir dramáticamente la frustración que los padres y bebés sienten cuando la comunicación es difícil. Los bebés pueden aprender y usar gestos manuales sencillos o lengua de señas para comunicar lo que necesitan, lo que quieren o lo que ven desde muy temprana edad. *Baby Signs* ha sido un programa líder en el mundo para niños pequeños y con audición porque es el único programa desarrollado por expertos en desarrollo infantil específicamente para bebés con audición normo-típica. Se basa en la lengua de señas estadounidense, con flexibilidad para satisfacer las necesidades de todas las familias. Los expertos en este tipo de comunicación establecen que lo adecuado es comenzar a enseñárselo al niño cuando tiene entre 8 y 9 meses.

El programa es una herramienta de comunicación donde lo importante son las señas y los gestos; consiste en enseñárselos a los niños para que así puedan indicar a los adultos sus necesidades o deseos. Lo que hace el programa es incorporar señas y gestos al lenguaje verbal, para estimular el uso del lenguaje en niños pequeños.

Algunos ejemplos de lo que se enseña sobre el uso de gestos y señas es usar aquéllos para indicar "más" o "comida". Esta enseñanza se basa en la constancia y en las repeticiones para que el niño empiece a asimilar el aprendizaje, lo entienda y, por supuesto, lo utilice. Algo que se recalca es que al usar los gestos y señas se vocalice bien, sin prisa y se deje muy claro lo que se está intentando enseñar.

Baby Signs ha brindado a los bebés y sus familias en todo el mundo beneficios comprobados con investigación durante más de 25 años. Es un programa que fue usado con 140 familias con niños a partir de los 11 meses de edad. Los niños fueron evaluados con medidas estandarizadas de lenguaje a los 11, 15, 19, 24, 30 y 36 meses.

Acredolo y Goodwyn se dieron cuenta que los bebés utilizaban gestos para representar palabras que no podían pronunciar. Algunas veces usaban formas muy creativas, como inhalar para representar una flor, sacar la lengua para referirse a un perro, o soplar para decir que algo estaba caliente. En su estudio pionero, encontraron que, a los 24 meses, los bebés a quienes se les enseñó con el método de *Baby Signs* hablaban en promedio más como los niños de 27 o 28 meses. Esto representa una ventaja de más de tres meses sobre los bebés que no usaban el programa. Además, los bebés de 24 meses hacían oraciones significativamente más largas. A los 36 meses, los bebés que sí lo usaron hablaban en promedio como los de 47 meses, lo que los situaba casi un año completo por delante de sus pares de edad. Resulta interesante que, en su seguimiento, cuando estos niños tenían 8 años, obtuvieron un promedio de 12 puntos más alto en pruebas de inteligencia, en comparación de aquéllos que no habían recibido la intervención mediante *Baby Signs*. Se demostró el papel que los gestos simbólicos, incluida la lengua de señas, parecen jugar en el desarrollo del lenguaje verbal en los niños oyentes. Los resultados de esta investigación representan algunos de los primeros hallazgos de estudios longitudinales sobre el impacto de usar gestos simbólicos, además de estimular el desarrollo activo de la atención de un adulto hacia el interés del bebé, que comúnmente se le llama *atención conjunta*. Se descubrió también que los bebés que usaron *Baby Signs* se involucraban en más episodios de atención conjunta con sus madres que los bebés que no lo usaron durante las sesiones de juego de laboratorio a los 19 y 24 meses. Además, el efecto se mantuvo independientemente de la habilidad lingüística, lo que indica que la experiencia de *Baby Signs* en sí misma fue un contribuyente único a las puntuaciones de atención conjunta. Estos datos son importantes porque ayudan a explicar por qué los bebés tienden a aprender a hablar antes que los bebés que no usan gestos.

Gestos que hablan[3]

Este es un programa que se basa a su vez en *Baby Signs* en el que se realiza una revisión actualizada de la comunicación gestual en bebés, fundamentado en la experiencia práctica de Chamarrita, la investigadora principal y quien propone el programa para niños hispanohablantes (chilenos). El libro que contiene el programa habla sobre los beneficios de la comunicación a través de gestos con un bebé. Brinda información sobre qué se requiere conocer antes de iniciar con la práctica de gestos. También sugiere actividades con gestos y su aplicación en la vida diaria del niño, como la incorporación de actividades recreativas, tales como canciones, juguetes y cuentos. Estas actividades se pueden llevar a cabo en los escenarios más importantes del niño, como son su casa y el jardín de niños. La autora propone cierto material práctico, como canciones

---

[3] Fuente:
http://galeon.com/karinacruz2/Libro2p1.pdf
https://www.jstor.org/stable/j.ctt15hvtcv

especialmente creadas para enseñar los gestos del programa. La última parte del programa incluye "Mi primer diccionario de gestos", el cual es un conjunto de 120 imágenes sugeridas para mostrárselas al bebé y así facilitar el aprendizaje de los gestos.

Thirty Million Words[4]

Thirty Million Words es una iniciativa que trata sobre la importancia que tiene el lenguaje en el desarrollo de los bebés. Este programa se basa en una investigación muy famosa realizada por Betty Hart y Todd Risley (1995), en la que se encontró que antes de los 4 años, los niños de familias con ventajas sociales y económicas escuchan alrededor de 30 millones de palabras más que niños de escasos recursos. Por un lado, la diferencia de escucha de vocabulario influye significativamente en su coeficiente intelectual. Por otro, cuando dieron seguimiento a los niños hasta el tercer grado (aproximadamente a los 8 años) se encontró que tenían mayor vocabulario, mayor capacidad de lectura y puntuaciones más altas en evaluaciones de conocimiento, a diferencia de los niños con desventajas. Esta disparidad en el aprendizaje se conoce como "brecha de logros".

Dana Suskind, fundadora de la iniciativa, es cirujana pediátrica subespecializada en implantes cocleares en sordera infantil, situación que le permitió observar en la Universidad de Chicago, que algunos niños, tras la colocación del implante, comenzaban

---

[4] Fuente:
https://cri.uchicago.edu/portfolio/thirty-million-words/
https://www.goodreads.com/book/show/24611865-thirty-million-words

a hablar y a aprender. Sin embargo, otros niños no lo hacían, lo cual le hizo preguntarse el porqué de la diferencia. Ella conocía el estudio de Hart y Risley sobre "la brecha de los treinta millones de palabras", lo que le hizo iniciar la investigación junto con Beth Suskind, para encontrar la forma de disminuir tal brecha. Así comenzó la Iniciativa *Thirty Million Words*.

Thirty Million Words es un programa de intervención en el período crítico de desarrollo, basado en evidencia científica y que está diseñado para reducir la brecha lingüística entre niños de escasos recursos y de familias con ventajas económicas. Este programa les muestra a los padres la forma de enriquecer los mensajes emitidos a los menores, y en general, las palabras.

Los tres pilares de la iniciativa de *Thirty Million Words* son:

- Escuchar: esto permite elegir temas de conversación que interesan al niño.
- Hablar: describirle al niño lo que ocurre a su alrededor.
- Charlar: crear una conversación.

Suskind combina tecnología y estrategias de comportamiento para mejorar la interacción lingüística con los niños y, a su vez, incluye retroalimentaciones para ayudar a monitorear el progreso y establecer metas, lo cual ha resultado en mayor interacción con los menores involucrados en el sistema.

Algunas instancias internacionales como la UNICEF recomiendan programas de evaluación e intervención, en dominios como la cognición, el lenguaje, la motricidad y el desarrollo socioemocional, sobre todo en países en proceso de desarrollo económico. No obstante, cualquier programa que se proponga no es necesariamente eficaz para resolver situaciones de retraso, por lo que debe cuidarse cuáles se implementan en determinada circunstancia social. Para ello, es crucial que se compruebe que los programas que se proponen tengan un impacto positivo, que no haya riesgos y que se adapte al medio social.

It Takes Two to Talk®

Este programa de intervención temprana del lenguaje está centrado en la familia. Tiene tres objetivos: la educación de los padres; la intervención temprana del lenguaje y el apoyo social. Sobre la educación de los padres se trata de enseñarles algunos conceptos sobre la comunicación y el lenguaje, las diferencias entre el lenguaje de comprensión y el de expresión; la importancia de la participación activa del niño en la toma de turnos, entre otros conocimientos. Se trata también de que los padres conozcan algunos parámetros del desarrollo del lenguaje, para plantear objetivos y mejorar la respuesta de los padres a los intentos comunicativos de sus hijos. Las terapeutas del lenguaje fungen como proveedoras de diversas estrategias de intervención temprana que se trabajan junto con los padres, para lograr una comunicación efectiva con los niños a lo largo de las sesiones. También, las terapeutas dan sesiones de retroalimentación para ayudar a los padres a modificar sus interacciones comunicativas. Las sesiones muestran cómo la intervención temprana es un proceso natural de las interacciones entre los padres y sus hijos. Algunas sesiones utilizan videos que se comparten con las terapeutas para incrementar la conciencia de la propia interacción y comportamiento de los padres, así como la influencia que tienen sobre el niño. En este programa se pretende que exista un apoyo social entre los padres para favorecer el bienestar del niño y su familia sobre todo cuando el niño tiene alguna dificultad para hablar. En la red de apoyo social se intercambian experiencias sobre situaciones similares, en las que se puede entender el punto de vista de otras familias y no sentirse solos ni abrumados.

El sustento teórico del programa *It Takes Two to Talk* se basa en un modelo interaccionista que reconoce a la familia como la fuente del éxito en la intervención, puesto que los padres son quienes mejor conocen a sus hijos. El modelo también es naturalístico, porque aprovecha las situaciones de la vida diaria con el niño como oportunidades de aprendizaje que facilitan el aprender a comunicarse en situaciones de la vida real. El enfoque resalta la importancia de la responsividad parental. Si los padres son sensibles al lenguaje de su niño, se suscita el interés y el comportamiento comunicativo, pues la capacidad de respuesta de los padres fomenta que el niño se sienta atendido y promueve su motivación intrínseca.

Criterios de evaluación de un programa de intervención

De acuerdo con el grupo inglés de *The Communication Trust*[5] existe una serie de medidas e indicadores que pueden dar cuenta de esta eficacia. Un diseño adecuado de intervención ayuda a asegurar que cualquier efecto observado sea realmente el resultado de la intervención, y no el efecto de la casualidad o algo que haya sucedido como parte de la educación de los niños o de sus experiencias de vida. De todas formas, no es posible controlar otros factores que pueden

---

[5] http://www.thecommunicationtrust.org.uk/ projects/what-works/

influir (positiva o negativamente) en el desarrollo del niño. Entonces, para poder medir la eficacia de la intervención, este grupo sugiere que se incluyan varios criterios como 1) Validez y fundamento teórico; 2) Acceso y tipo de transmisión/entrega del servicio; 3) Evaluación; 4) Diseño de la investigación; 5) Publicación; 6) Resultados y 7) Población. Se describen estos criterios a continuación.

1. La validez y fundamento teórico se refiere a que cualquier proyecto de investigación sobre una intervención debe basarse en una hipótesis que sustente cuáles son las mejores teorías y prácticas para intervenir en el desarrollo del lenguaje y la comunicación y por qué un enfoque de intervención es el mejor.
2. El acceso y tipo de transmisión/entrega del servicio se refiere a los pasos y procesos. Estos deben ser claros y fáciles de seguir para que el programa sea reproducible por la persona que interviene en el servicio. Debe proporcionarse información clara sobre quiénes son los receptores de la intervención, quién es el personal y dónde debe tener lugar la intervención. Además, la información debe ser tan clara que quien pretende utilizar la intervención pueda evaluar si es factible de acuerdo con los recursos, los materiales y el tiempo requeridos. En la información proporcionada puede verse si se requiere una capacitación formal y un procedimiento a seguir y si el personal debe tener cierto nivel educativo.
3. La evaluación se refiere una descripción de cómo se ha evaluado teóricamente la intervención, cuál es la evidencia de una intervención en particular. El nivel de evaluación utilizado es crucial, pues hay evidencia detrás de una intervención. Debe indicarse si hay un nivel de evaluación (leve/moderado/fuerte). La evaluación además debe ser confiable, lo que quiere

decir que el tratamiento se aplica de acuerdo con un manual, para que la intervención se provea tal y como estaba prevista originalmente.
4. El diseño de la investigación se refiere a cómo la evidencia se relaciona con la intervención. Es decir, se necesita tener evidencia de que una intervención ha sido evaluada para ver su eficacia. La forma en que se asignan los niños a los grupos de control o de intervención tiene un impacto en el nivel de evidencia del programa. Debe decirse cuál era el *status* inicial de todos los niños que comenzaron en un estudio; si completaron o no la intervención, cuántos niños participaron; para cuántos el tratamiento fue efectivo.
5. Por publicación se entiende que la información debe estar disponible en alguna revista, en alguna organización que publica informes en sus sitios web, o la publicación local de documentos de proyectos disponibles a través de páginas web locales. Idealmente debe existir una publicación en una revista evaluada por pares académicos.
6. Resultados se refiere a cómo la intervención modificó el desarrollo del lenguaje de los niños involucrados. Los resultados deben dar cuenta sobre lo que funcionó positivamente, pero también sobre lo que no funcionó. Esto es necesario para tomar decisiones clínicas en torno a si una intervención es adecuada o no. Las decisiones se toman con base en la validez y confiabilidad, medidas que permiten evaluar la eficacia de la intervención.
7. La población se refiere a qué grupos de edad (rangos) la intervención está dirigida y de qué tipo de dificultad/trastorno se trata (habla, y/o lenguaje y/o comunicación).

La evaluación del niño

Para poder llevar a cabo una evaluación confiable, es necesario que las pruebas que se empleen sean adecuadas para la población en cuestión. En muchos casos, las pruebas que se utilizan han sido creadas en otros países con diversas variantes sociales y culturales, hecho que debe tomarse en cuenta puesto que, si no han sido adaptadas a la sociedad, lengua y cultura de un país, las pruebas no son válidas. Algunas pruebas sobre desarrollo infantil que sí se han validado en México son la *Bayley-II* y la prueba mexicana de Evaluación del Desarrollo Infantil ED (para desarrollo de varios dominios), la *Wechsler Preschool and Primary Scale of Intelligence* (WPPSI- para inteligencia) y la *Bates-MacArthur Communicative Development Inventory* (CDI, para comunicación y lenguaje).

Cuando se habla de evaluación debería hablarse de intervención, idealmente. Una vez que se ha logrado detectar y evaluar un retraso en las habilidades comunicativas es posible planear intervenciones eficaces para los niños. De acuerdo con DeVeney, Hagaman y Bjornsen (2017) existen tres tipos de intervención para trabajar con HT: intervención general del lenguaje, intervención focalizada y enseñanza mediada. La primera se refiere a dar oportunidades para escuchar lenguaje adulto, en un contexto rico y estimulante, aunque no se trabaja explícitamente con alguna dificultad específica. A diferencia de la intervención general, la intervención focalizada sí tiene objetivos lingüísticos específicos, como serían ciertas estructuras morfológicas, sintácticas o léxicas. En la enseñanza mediada se ofrece una intervención donde el adulto brinda respuestas concretas sobre las producciones específicas del niño. Un hecho interesante que resaltan estos autores es que, en los tres tipos de intervención, los padres tienen una participación significativa, aunque en grados distintos. Sin embargo, es un hecho que parte del éxito en la evolución del lenguaje está en el grado de involucramiento de los padres, llámese padres de hablantes tardíos, niños que se ubican dentro del espectro autista, niños con retraso global del desarrollo o niños en situaciones de vulnerabilidad socioeconómica (Leffel & Suskind, 2013; McConachie & Diggle, 2007; Roberts & Kaiser, 2012; 2015; Roberts et. al., 2014; Suskind, et al., 2016; Wetherby et al., 2014).

Principios de una intervención temprana

Un punto muy importante para tener en cuenta es que la guía de actividades que proponemos se basa en los principios que establece la ASHA, una de las asociaciones internacionales más reconocidas del mundo. Dentro de la liga sobre intervención temprana se establecen cuatro principios rectores que reflejan el consenso actual sobre lo que debe proporcionarse a niños pequeños, desde el nacimiento hasta los 3 años. Los principios dicen que la intervención temprana debe 1) estar centrada en la familia tomando en cuenta su propia cultura; 2) apoyarse el desarrollo mediante la participación de los niños contextos que les sean naturales; 3) apoyarse mediante un equipo integral y coordinado; y 4) basarse en evidencia de la más alta calidad disponible (ASHA, https://www.asha.org/policy/GL2008-00293/#sec1.2).

A continuación se resumen los cuatro principios:

Intervención centrada en la familia

Cada familia tiene preocupaciones únicas, al igual que fortalezas y necesidades. Una intervención debe poder alinear sus servicios con la cultura de cada familia, su situación y recursos. El término "centrado en la familia" se refiere a un conjunto de creencias, valores, principios y prácticas que apoyan y fortalecen la capacidad de la familia para mejorar el desarrollo y el aprendizaje del niño. Las familias proporcionan el contexto de vida para el desarrollo del niño. Cuando la intervención se centra en la familia, se le da a ésta un rol más activo para planificar, implementar y tomar decisiones en los servicios de intervención.

Participación de los niños en contextos naturales

Hoy más que nunca, los modelos de desarrollo infantil se basan en que los niños aprenden el lenguaje en un marco social y cultural. Las prácticas de intervención temprana deben incluir el uso de objetos y experiencias realistas y ecológicamente válidas del medio al que pertenece el niño (Kaiser & Hancock, 2003). Estos deben representar aspectos de su vida real para que se propicie la participación e interacción social del niño, de acuerdo con su edad, su nivel de desarrollo, su estilo cognitivo de aprendizaje, así como en sus propias fortalezas e intereses y los de sus familias.

La intervención apoyada en un equipo integral y coordinado

Los terapeutas del lenguaje pueden ser uno de los varios profesionales que trabajan con el niño y la familia, por tener un papel clave sobre su conocimiento del desarrollo temprano típico y atípico del lenguaje.

De acuerdo con la Ley de Mejoramiento de la Educación de Personas con Discapacidades (IDEA, 2004) que rige en Estados Unidos, los niños que reciben servicios de intervención temprana pueden ser atendidos por varios profesionales que conozcan sobre el desarrollo infantil. De hecho, un equipo multidisciplinario típicamente debe tener un "proveedor primario" o consultor que designa roles y delega actividades a los profesionales que participan. Estos roles varían según las necesidades del niño. Los equipos se benefician de las aptitudes del grupo y también pueden mejorar el conocimiento y las habilidades de cada uno a través de la asignación de roles con los niños y sus familias. Cuando la necesidad principal del niño es desarrollar su comunicación y lenguaje, los terapeutas del lenguaje pueden fungir como proveedores primarios o consultores del equipo multidisciplinarios para que se realicen consultas y ajustes a las actividades.

La intervención debe basarse en evidencia de la más alta calidad disponible

La intervención temprana debe basarse en la investigación más reciente y de calidad, en el juicio y la experiencia profesional informada, así como en las preferencias y valores de la familia. La evidencia puede ser externa o interna. Por un lado, la evidencia interna se compone de políticas educativas y de salud, de la opinión clínica informada, del consenso profesional, de los valores y perspectivas tanto de los expertos como de los receptores del servicio. Por otro lado, la evidencia externa se basa en investigaciones publicadas en revistas arbitradas por pares científicos. Las investigaciones deben ser recientes y de alta calidad científica que demuestre su validez clínica.

La importancia de los padres en la intervención del lenguaje

Aunque tradicionalmente las terapias e intervenciones son dadas por terapeutas del lenguaje, los niños pequeños pueden recibir ayuda de diferentes personas, como padres, monitores, asistentes o maestros, todos ellos asesorados por las terapeutas. En el caso de los padres o cuidadores, dada su presencia constante en el cuidado del niño pequeño, la ayuda puede proporcionar una oportunidad para maximizar los resultados de una intervención. Esto se debe a que los padres y cuidadores pueden pasar muchas horas del día con el niño, en una gran variedad de entornos que hacen de la intervención algo muy rico (Schooling et. al., 2010).

Cuando los padres y maestros aprenden estrategias de intervención y estimulación, es posible generalizarlas y llevarlas a contextos fuera del aula o de la sala de terapia. Con ello se logra extender el tiempo de intervención y aumentar el uso de técnicas terapéuticas, sobre todo cuando no se tiene acceso a los servicios o cuando aun teniéndolos, son espaciados por la demanda en los centros de atención o por la distancia que las familias recorren para acudir a dicho servicio. Por un lado, lo que los especialistas desean es que los niños y sus padres se beneficien de tratamientos efectivos, sistemáticos y tempranos. Por otro lado, Blacher & Mink (2004) encontraron varios temas que los padres desean saber: cómo se desarrolla el niño; cómo jugar y hablar con él;

cómo controlar el comportamiento (sobre todo disruptivo); cómo enseñarle a aprender, sobre todo cuando hay alguna discapacidad o condición; y dónde acudir a recibir servicios en el presente y en el futuro. A partir de este tipo de necesidades se han desarrollado intervenciones mediadas por padres y maestros para poder brindar servicios e información especializada. No obstante, de acuerdo con la Academia Nacional Americana de Ciencias (2016), es necesario que los padres cuenten con tres componentes fundamentales que la investigación sugiere para que el niño tenga un desarrollo óptimo: conocimiento, actitudes y prácticas.

El *conocimiento* es un conjunto de habilidades adquiridas a través de la experiencia o la educación que facilitan la comprensión de un problema o un fenómeno. Las *actitudes* son los puntos de vista, la perspectiva y la forma de reaccionar frente a ciertos aspectos de la crianza y del desarrollo del niño que incluye los roles y responsabilidades de los padres. En muchos casos, las creencias culturales influyen las actitudes. Las *prácticas* se refieren al comportamiento parental o enfoques de crianza que ayudan (o no) al desarrollo del niño. La Academia Nacional Americana de Ciencias (2016) menciona que el conocimiento se relaciona con la cognición, las actitudes con la motivación, y las prácticas con la forma de involucrarse. Los tres componentes son recíprocos entre sí, lo que quiere decir que se alimentan y están entrelazados en la teoría y la práctica.

RESUMEN

- Las estrategias de intervención temprana buscan apoyar la adquisición del lenguaje y habilitar la expansión del repertorio lingüístico. Pueden ser aplicadas individualmente, para atender las necesidades específicas del niño, o bien, en grupos pequeños donde se trabajan dificultades comunes entre los individuos, se fomenta la interacción y se promueve el aprendizaje a través de la observación de las acciones del otro.
- Un programa de intervención adecuado debe considerar el contexto sociocultural del niño, incentivar la interacción en escenarios de la vida diaria, estar apoyado en un equipo integral y coordinado con conocimientos sobre el desarrollo infantil, así como estar basado en evidencia reciente y de alta calidad.
- El conocimiento, las actitudes y las prácticas de los padres juegan un papel fundamental en la intervención, pues con el entrenamiento parental las sesiones de estimulación pueden generalizarse y extender su duración.

— Capítulo 8: —
¡Manos a la obra!

Guía de intervención mediada por los padres

Los padres son las personas que más cerca están de influir en el desarrollo del niño. Y los especialistas son las personas que están en posición de ofrecerles información acerca de cuáles prácticas son las mejores en contenido, cómo se interviene y cuáles estrategias que estén basadas en evidencia científica se proponen además que puedan ser implementadas en contextos en los que los recursos son escasos.

Desde hace mucho tiempo, muchos profesionales han reconocido el valor de los padres y su involucramiento para mejorar el desarrollo del lenguaje. Se ha sugerido que las intervenciones parentales tienen un enorme potencial para mejorar el desarrollo infantil en general, pero también para mejorar la condición del lenguaje cuando éste se encuentra retrasado por alguna razón (Belsky et. al., 2007). En algunas investigaciones se ha encontrado que los padres propician el desarrollo de la comunicación en niños pequeños, cuando algunos aspectos son considerados, como el uso de oraciones breves, vocabulario concreto y repetitivo, así como el uso de preguntas y comentarios que toman en cuenta lo que al niño le interesa (Warren & Yoder, 2004).

Los padres son clave en la implementación de los programas de intervención, así como en la terapia de los niños que tienen un retraso comunicativo. Lejos de ser independientes del tratamiento, los padres pueden volverse de gran ayuda, casi indispensable, en el desarrollo de sus hijos (*National Academies of Sciences, Engineering and Medicine*, 2016; Pearce et. al., 1996; Romero, 2009). En algunas investigaciones se ha observado que el entrenamiento a los padres tiene efectos positivos y duraderos. Para algunos especialistas, la madre es especialmente la que se convierte en un vínculo entre el niño y el terapeuta. Al involucrar a los padres se crea conciencia de procesos naturales del desarrollo, de cómo se afecta la interacción cuando el niño tiene algún retraso, además de que se muestran estrategias para modificar los patrones de interacción con el niño. Asimismo, se enseña a los padres a hacer cosas con sus hijos, pero también a analizar las necesidades comunicativas y las características de su ambiente (Romero, 2009).

Para ello, es necesario ofrecer a los padres diversos contextos de prácticas en las que se puedan implementar las estrategias, mediante acciones y materiales que no requieran ninguna inversión económica o que sea de muy bajo costo. Algunos estudios han revisado sistemáticamente que, si un terapeuta del lenguaje muestra videos para modelar acciones, juegos de roles, y da retroalimentación sobre la manera en que los padres se aproximan a los niños por medio del lenguaje, la estrategia resulta efectiva para mejorar las habilidades lingüísticas (DeVeney, et al., 2017).

Pero antes de comenzar una intervención, es necesario mencionar que, para poder llevar a cabo un programa de actividades, un especialista debe realizar una evaluación clínica del niño a fin de saber en qué fase del desarrollo del lenguaje se encuentra y valorar si existe o no un desfase con respecto a los niños de su misma edad.

Evaluación inicial: el punto de arranque

La identificación de los niños en riesgo de un retraso en el desarrollo de las habilidades comunicativas podría facilitar la intervención a temprana edad, sobre todo antes de los 3 años, cuando las oportunidades para mejorar son mayores. La detección temprana es importante por varias razones: 1) porque permite a las familias tener acceso a servicios de intervención temprana; 2) para disminuir los falsos positivos que conllevan aprehensión familiar y una intervención innecesaria; 3) para usar los recursos disponibles de forma efectiva y permitir una evaluación a fondo (Vllasaliu et al., 2016).

Sin embargo, en México todavía no existen modelos para tamizar las habilidades comunicativas en edades tempranas, hecho que retrasa el diagnóstico y el tratamiento. La necesidad de identificar a los niños con retraso en el desarrollo de las habilidades comunicativas entre los 18 y 30 meses tiene gran relevancia puesto que la edad de la intervención temprana determina los progresos en las habilidades comunicativas, sociales y adaptativas del niño (Fricke et. al., 2013).

En nuestra experiencia y de acuerdo con las recomendaciones internacionales, la detección y diagnóstico debe hacerlas un especialista en el tema, con pruebas estandarizadas en el país que permitan comparar al niño evaluado con niños de su misma edad y condición socioeconómica y cultural. De esta forma es posible saber si el niño está en un verdadero riesgo de retraso.

En México existen muy pocas pruebas con normas, validez y confiabilidad que evalúen el lenguaje de niños en edades tempranas. Muchas son traducciones del inglés al español, hecho que acarrea una serie de problemas debido a la evidente diversidad cultural y lingüística de las poblaciones. Además, todavía es menor la posibilidad de encontrar una prueba estandarizada y confiable que evalúe a niños menores de 3 años, por las dificultades propias del trabajo con estas edades. Es ya un lugar común decir que, hasta la fecha, los instrumentos empleados en nuestro país son copias y traducciones de otras lenguas que se arraigan a culturas desiguales a la nuestra, lo que resulta en tres problemas fundamentales: la mala interpretación del problema o retraso del lenguaje, la no-identificación del problema o retraso del lenguaje con el material lingüístico que se contienen esas pruebas y la inadecuada evaluación del niño frente a normas ajenas a su contexto.

Pero en México, al igual que en muchos países del mundo, se cuenta con los inventarios MacArthur de Habilidades Lingüísticas (CDI, por sus siglas en inglés). Los inventarios son el producto de investigación realizada por un equipo multidisciplinario en lingüística, psicología del desarrollo y psicolingüística. Las bases de los inventarios mexicanos (Jackson-Maldonado et al., 2003) se edifican en un proyecto que tuvo su origen a principios de los años noventa. Los inventarios miden desde los primeros signos de la comprensión manifiestos a los ocho meses de edad, hasta las habilidades léxicas y morfosintácticas que se observan en la producción de niños de dos años y medio. Los inventarios tienen la gran ventaja de no requerir la participación directa del niño. Aunque parezca paradójico, el método del inventario busca información a través de la madre, el padre o el cuidador principal sobre el conocimiento lingüístico del niño y no sobre su actuación inmediata. Por tanto, no se crea una situación en la que el niño hable o juegue con el material que el investigador le presenta, sino que se aprovecha el conocimiento que tiene la madre sobre una serie de eventos cotidianos que presencia durante todos los días y de los que puede hacer un recuento. El inventario evalúa el saber del niño y no lo que realiza en el momento de la evaluación, tal como sucede comúnmente en una evaluación formal o en una grabación sobre una muestra espontánea del lenguaje. Los inventarios, como cualquier otro instrumento de evaluación, no dan cuenta por sí solos del desarrollo lingüístico de un niño. Siempre se recomienda el uso de los inventarios junto con otros instrumentos que midan los mismos contenidos, de tal forma que pueda proporcionarse un análisis robusto y objetivo.

La mayoría de las pruebas sobre habilidades comunicativas en niños pequeños no evalúa la producción y comprensión gestual como parte del desarrollo comunicativo. De hecho, hasta hace muy poco tiempo, el gesto se consideraba como una limitación del desarrollo del lenguaje oral y no como un impulsor en etapas tempranas. El inventario I de Primeras palabras y Gestos evalúa tanto la comprensión como la producción lingüística y gestual en niños de 8 a 18 meses de edad. Se incluyen desde gestos como señalar, hasta juegos de intercambio comunicativo sociocultural como "hacer tortillitas". Con la inclusión de este tipo de manifestaciones, la lista refleja una pertinencia cultural del instrumento, hecho que induce a que madres y evaluadores se identifiquen con el contenido.

Por otro lado, el inventario II de Palabras y Enunciados se enfoca en evaluar la producción de niños entre los 16 y los 30 meses de edad, es decir, entre un año, 4 meses y 2 años y medio. Estos niños se encuentran en una de las etapas más activas e interesantes del desarrollo morfosintáctico y léxico. Como es de esperarse, la lista de las categorías de este inventario es más amplia que la del anterior; las secciones se extienden, sobre todo en las que se analizan unidades de la morfosintaxis como pronombres y conectivos. La organización de las categorías semánticas y gramaticales de los inventarios responde a varios presupuestos teóricos de la adquisición que difieren de las categorías adultas. Un buen ejemplo es la clasificación de frases como "no hay" u "otra vez" que se consideran como unidades y no como formas independientes de clases gramaticales distintas. La complejidad sintáctica se analiza mediante una propuesta muy interesante que toma en cuenta tanto la longitud de las oraciones como su complejidad. El inventario II contiene una lista con 37 pares de combinaciones sintácticas, siendo una de ellas más compleja que la otra. La madre elige la opción que más se parece a las emisiones de su hijo, de tal manera que puede seleccionar una combinación como "mío lápiz" o "éste es mi lápiz". Además de este apartado, existe otro más que permite a la madre proveer ejemplos de las oraciones más largas que ha escuchado que produce el niño. Este rubro complementa la información aportada en la sección sobre complejidad.

    Las correlaciones que se obtienen entre dos o más instrumentos de evaluación logran mostrar que las habilidades medidas son las mismas en uno y otro instrumento, tal como se observa entre la comprensión y la producción de palabras, por un lado, y entre la producción de gestos y las medidas de vocabulario, por otro. Los inventarios CDI fueron correlacionados con otras medidas muy conocidas, como las muestras espontáneas que consisten en grabaciones de lenguaje en juego libre con material para niños. Las correlaciones que se muestran en el manual técnico de los inventarios coinciden con los resultados de las investigaciones realizadas con otros inventarios en varias lenguas, en las que se demostró que el instrumento arroja la misma cantidad y tipo de información que la que se obtiene con pruebas tradicionales de comprensión y producción. Este hecho indica que el instrumento es sistemático entre las lenguas y, por tanto, confiable.

Los CDI resultan ser, pues, un instrumento poderoso para hacer comparaciones entre diferentes lenguas, lo que hace posible generar patrones de desarrollo y analizar tendencias cognitivas del sistema de adquisición infantil, así como las particularidades de cada contexto, aun cuando se trate de lenguas tipológicamente muy diferentes. Elizabeth Bates y sus colegas señalaron en varios artículos que las comparaciones logradas entre diferentes tipos de lenguas por medio de los inventarios han ayudado a confirmar algunas hipótesis alternativas sobre la emergencia del lenguaje y proveen evidencia contundente sobre las variaciones normales con respecto al ritmo de crecimiento de muchos aspectos del lenguaje y la comunicación a edades tempranas. Las comparaciones entre las lenguas han permitido comprobar, por ejemplo, que existen marcadas diferencias individuales en el desarrollo normal, de tal suerte que se derrumba el mito de que todos los niños "normales" deben tener un tiempo fijo para que "maduren" en relación con lenguaje y deben alinearse a un mismo estilo comunicativo para comprender y producir gestos y palabras.

Dado que el contenido de dichas categorías está validado con una muestra representativa de la población mexicana, las personas especializadas pueden utilizarlas como un punto de inicio para el planteamiento y organización de una intervención del lenguaje.

Con base en esta información, entonces las acciones de intervención se planean con ayuda del especialista, aunque los modelos y aproximaciones teóricas y clínicas puedan variar. La planeación del programa debe basarse en los hitos del desarrollo del lenguaje y en las necesidades comunicativas, atendiendo primero lo que le resulte más útil al niño.

Uno de los modelos de intervención que se ha probado que tiene efectividad en edades tempranas es el entrenamiento de los padres o cuidadores para facilitar la intervención temprana.

El entrenamiento de los padres o cuidadores

Hay grandes beneficios en el aprendizaje en etapas tempranas, cuando los padres y cuidadores reciben orientación. Se ha observado que, por ejemplo, las visitas de trabajadores sociales a las casas de las familias, y las sesiones grupales en la comunidad o en los centros de salud pueden mejorar las habilidades parentales para el manejo de la conducta de los niños, para el desarrollo socioemocional, para mejorar el aprendizaje en etapas tempranas y para reducir el abuso y la negligencia (Chang et. al., 2015; Yousafzai et. al., 2014).

El entrenamiento de padres (conocido también como *parent training*) es una intervención dirigida donde el niño aprende de manera indirecta, pero con un entrenamiento directo a los padres. En este, se provee a cada padre de conocimientos adecuados y herramientas de conductas para las necesidades del niño, además de apoyo psicológico. Es importante mencionar que las intervenciones mediante el entrenamiento de los padres no solamente están dirigidas a aquéllos con hijos pequeños, sino también a los que tienen chicos escolares y adolescentes. Cuando se habla de programas de intervención mediados por los padres nos referimos no sólo a ellos, sino a los que están directamente a cargo del bienestar y cuidados diarios del niño. Los padres se convierten en una parte activa del cambio. Se ha visto la efectividad de estos programas en casos de retrasos en la comunicación, por ejemplo, de los chicos que tienen autismo, quienes tienen problema en la comunicación y la interacción social, conductas e intereses restringidos y estereotipados, además de problemas conductuales frecuentemente asociados.

Involucrar activamente a toda la familia en los programas de tratamiento aumenta las posibilidades de que el niño desarrolle al máximo su potencial, además de que es la manera más eficaz para ayudar los padres a no sentirse aislados o fuera de lugar (Vicari & Auza, 2017).

¿Para quién está diseñado un programa de actividades de intervención temprana?

El programa que aquí se describe está dirigido a niños que, en la ausencia de problemas sensoriales como hipoacusia, problemas derivados de algún síndrome, o sin ninguna causa patológica aparente, tienen un retraso del lenguaje, al ser comparados con niños de su misma edad cronológica. Estos niños dicen sus primeras palabras después de los 18 meses, pueden (o no) emplear gestos y combinan palabras después de los 30 meses de edad. No decir más de 50 palabras y no combinar dos o más palabras a los 24 meses de edad se considera un retraso del lenguaje y los niños que presentan este retraso se les conoce como "Hablantes Tardíos". Este programa de actividades está dirigido a ellos y a sus familias.

¿Cómo saber si el programa es efectivo?

Evaluar la efectividad de un programa de intervención es necesario. Para ello, deben considerarse varios criterios que permitan medir objetivamente si su aplicación es conveniente clínicamente hablando. La evaluación ayuda a asegurarnos de que cualquier resultado es consecuencia de la intervención y no sucede por casualidad o por alguna situación fortuita que ocurra durante el desarrollo del niño. De todos modos, hay factores que no podemos controlar, pero que debemos tener en cuenta que pueden influir en el progreso del niño, además de la intervención que se aplica. La evaluación también es útil para que el programa se pueda replicar más adelante con otros niños, además de juntar evidencia que justifique su uso.

Las revisiones sistemáticas son útiles para mostrar la evidencia que existe, en este caso clínica, de algún tipo de programa de intervención. Los resultados de estas revisiones son guías para tomar decisiones basadas en evidencia. En una revisión sistemática basada en evidencia sobre los efectos de la intervención en niños entre cero y 5 años (Schooling, et al., 2010), se tomó en cuenta la dosis o frecuencia de las sesiones, la participación de los padres *vs.* los terapeutas, si se trataba de sesiones grupales o individuales, dentro de una clase escolar o en una clínica o consultorio. Se encontró lo siguiente:

1. *Dosis*. Un análisis de 13 estudios reveló que un tratamiento intensivo (duración de la sesión) y frecuencia (número de sesiones dadas en un tiempo determinado, por ejemplo, en una semana) tiene un efecto positivo y más duradero en los resultados. Se observó que cuatro sesiones a la semana son mejores que una sola y, en promedio, más de ocho semanas son necesarias para obtener este efecto.

2. *Participación*. Existe gran controversia acerca de quién debe participar (o no) en los programas de intervención. Mientras que algunos estudios sobre niños con la condición del espectro autista reportan menos beneficios en el comportamiento y en las habilidades cognitivas cuando los padres entrenados ofrecen la intervención en lugar de los terapeutas, otra revisión sistemática de seis estudios reportan grandes ganancias en el habla, el lenguaje y las habilidades de juego en niños con otras dificultades en el lenguaje (es decir, no con autismo), cuando existía la participación de los padres (Levy et. al., 2006, en Schooling et al., 2010). También, McConachie y Diggle (2007) descubrieron que el entrenamiento de los padres puede mejorar la comunicación y aumentar la interacción entre padres e hijos.

3. *Tipo de sesión*. En esta misma revisión no se encontraron diferencias significativas entre las sesiones individuales y las grupales, lo que quiere decir que tienen un beneficio similar. La ventaja de las sesiones individuales es que se personaliza la terapia a los problemas del niño en particular. Pero también es posible que los niños puedan aprender de los otros cuando la intervención se ofrece de forma grupal (Colozzi et. al., 2008), sobre todo cuando alguno de los niños del grupo pueden fungir como facilitadores en ciertos objetivos de la intervención del lenguaje.

4. *Lugar de la sesión*. En esta misma revisión se encontraron resultados diversos y no concluyentes. Mientras que los niños tratados en casa podían responder a más preguntas en la interacción con sus padres y tenían emisiones más claras e inteligibles, los niños atendidos en clínica tenían un lenguaje más espontáneo con sus padres. En cuanto a las diferencias entre las sesiones que se daban cuando se sacaba al niño del grupo escolar para darle la intervención

y cuando se daba el servicio dentro del grupo (enseñanza inclusiva), no se encontraron grandes diferencias, excepto algunos beneficios en la comprensión, cuando se trataba al niño dentro del grupo. Esto quiere decir que ambas situaciones tienen un beneficio similar.

Orígenes del programa de actividades de intervención

La idea de organizar y sistematizar algunas recomendaciones nació hace varios años, ante la necesidad de cubrir la atención en un mayor número de niños que se encuentran en desventaja social y que tienen menos oportunidades de tener una estimulación óptima. El número de niños con retraso en la comunicación ha ido en aumento, y con ello la necesidad de impulsar el desarrollo del vocabulario, la expresión verbal y la comprensión del lenguaje. Muchos niños que hemos atendido viven en hogares de bajos ingresos y corren el riesgo de ingresar al preescolar sin las habilidades lingüísticas necesarias para tener éxito académico y social.

Por otro lado, la experiencia de muchos años haciendo trabajo clínico permitió que se sistematizaran ciertas actividades muy puntuales que originalmente eran ofrecidas de manera individual a cada niño con retraso en la comunicación. El reto fue compactar y focalizar sobre lo que se ha visto que resulta más relevante y efectivo en los tratamientos individuales. No obstante, el contenido no resulta suficiente por sí solo, sino que se requiere la ayuda de los padres para llevarlo a cabo.

Recientemente, un grupo de estudiantes universitarios ofreció su ayuda como parte de sus prácticas de servicio social. Entonces surgió la idea de tomarlos como "monitores de lenguaje", papel clave para facilitar las actividades de intervención, sistematizarlas y mostrarlas a los padres de familia. La ayuda de los estudiantes se dio en varios niveles, puesto que organizaron los primeros documentos, material y actividades que finalmente se pondrían en marcha en un programa piloto que se llevó a cabo en 2019. Durante ese tiempo hubo desafíos, incluyendo el tiempo para la implementación y para la supervisión de los estudiantes universitarios. También, fue necesario ajustar los tiempos de trabajo de otros profesionistas como terapeutas del lenguaje, psicólogas y pedagogas que trabajaron con nosotros y aportaron sugerencias metodológicas y prácticas para el primer modelo del taller[6]. A medida que llevábamos a cabo el programa cada semana, se fueron resolviendo dudas y problemas.

Posteriormente se convocó a un grupo de padres y madres, cuyos niños entre los 2 y los 3 años habían sido evaluados en proyectos de investigación y cuyas calificaciones en lenguaje estaban por debajo del percentil 10 en una prueba estandarizada, lo cual indicaba un retraso significativo con respecto a niños de su misma edad. Los padres participaron voluntariamente y se les solicitó que asistieran regularmente a más del 80% de las sesiones.

El objetivo inicial del programa fue atender a estos niños mediante una intervención focalizada y con la ayuda de sus padres, de tal forma que se enriqueciera su lenguaje y comunicación en un taller semanal, con una duración de 10 semanas. Posterior a este tiempo se pretendía impulsar el desarrollo en aquellos niños que habían sido clasificados como hablantes tardíos y, con base en su desempeño, evaluado con pruebas estandarizadas, diferenciar a aquéllos que habían tenido un avance significativo de aquéllos que

---

[6] Quiero agradecer muy especialmente a Pedro Ruiz Curcó, Eva Sifuentes, Olivia Mancera, Nele Fernández y Paloma Ordoñez, quienes fueron fundamentales en el proceso de implementación.

quedaban todavía rezagados, a pesar de la exposición las sesiones focalizadas y al incremento de experiencias enriquecedoras en el taller y en casa.

¿Cuál es el objetivo del programa de actividades de intervención?

El objetivo de este programa es proveer intervención focalizada del lenguaje expresivo, de acuerdo con los hitos del desarrollo comunicativo. Los hitos van desde la producción de gestos comunicativos hasta la combinación de dos o más palabras. Se pretende que los niños con retraso en sus habilidades comunicativas aprendan a representar nociones y conceptos, a interpretar el mundo social y comunicativo de acuerdo con su ambiente y a aumentar su comprensión sobre las relaciones sociales y la necesidad de comunicarse oralmente.

El objetivo específico es que los padres y cuidadores directos del niño tengan herramientas prácticas de intervención mediante esquemas de modelamiento para ayudar a producir lenguaje oral. Este programa de actividades tiene la ventaja de aprovechar las herramientas comunicativas, sin necesidad de adquirir material caro para la intervención. También se toman en cuenta las preocupaciones de los padres respecto a la adquisición y el desarrollo del lenguaje de sus niños.

Evaluación del programa

Tal y como se mencionó en el capítulo anterior, es necesario evaluar un programa de intervención antes de implementarlo. Como se sugirió en la sección de criterios de evaluación de un programa de intervención y de a acuerdo al grupo de *The Communication Trust*[7] nosotros hemos seguido los indicadores para dar cuenta de la eficacia del programa. Aquí se explica brevemente cada indicador dentro de nuestro programa.

1) Validez y fundamento teórico. A lo largo de este libro se ha dedicado buena parte a fundamentar que la intervención que aquí se propone se basa en un modelo sistémico y ecológico. Sistémico, porque todos los dominios del desarrollo están vinculados entre sí. Aunque hay factores individuales, como la edad, sexo o antecedentes heredofamiliares de problemas o retrasos del lenguaje, hay factores familiares, sociales y culturales que interactúan con los factores individuales de cada niño. La intervención también es ecológica porque la práctica se lleva a cabo con base en los procesos naturales del desarrollo del lenguaje, pero también en ambientes adecuados y conocidos para el niño. Creemos que el desarrollo del lenguaje y la comunicación y su intervención es mejor cuando se conoce cuáles son las relaciones del niño con su entorno. El entorno mismo también se puede modificar mediante la enseñanza explícita a los padres o cuidadores, de los factores socioambientales que influyen en el desarrollo lingüístico.

2) Acceso y tipo de transmisión/entrega del servicio. Los pasos y procesos del programa de actividades han sido redactados en el siguiente capítulo. El objetivo fue que estos pasos fuesen claros y fáciles de seguir, con el objeto de que el programa pueda reproducirse con otros grupos de niños. Los receptores de la intervención son los niños con retraso del lenguaje entre 18 y 30 meses de edad. El

---

[7] http://www.thecommunicationtrust.org.uk/projects/what-works/

servicio lo ofrece un(a) terapeuta del lenguaje, quien a su vez se apoya de monitores del lenguaje. Todos en conjunto facilitan que las sesiones sean monitoreadas en el momento mismo de la sesión de intervención, para que los padres comprendan todos los pasos y procesos. Esta puede ofrecerse en un salón que cumpla con tener un espacio adecuado para que los padres, cuidadores y monitores puedan llevar a cabo la intervención. El monitoreo también consiste en evaluar las intervenciones de los padres en casa, mediante un video que ellos graben y compartan con el equipo. De esta forma puede ofrecerse una retroalimentación de las actividades realizadas con el niño. No se necesita ningún material en concreto; sin embargo, más adelante se leerá cuáles son los juguetes que recomendamos, mismos que no son costosos y que por lo general se pueden encontrar en todos los hogares. Los monitores son personas con nivel mínimo de licenciatura y requieren de una capacitación formal y deben seguir un procedimiento en las sesiones, el cual se instruye previamente a la intervención.

3) Población. Los grupos de edad a los que la intervención está dirigida es de niños entre los 18 y 30 meses de edad, con un retraso del lenguaje (tener 18 meses o más y no haber comenzado con la producción de palabras o la producción es menor de 50 palabras y/o no se ha comenzado con la combinación de dos o más palabras a los 24 meses).

4) Evaluación. La intervención modificó el desarrollo del lenguaje de los niños involucrados que perduraron en el tratamiento más del 80% de las sesiones. Esto se hizo evidente al comparar el tiempo 1 y el tiempo 2 (dos momentos de evaluación mediante el CDI-II). En el tiempo 1, los niños que obtuvieron un resultado significativamente más bajo en la producción lingüística, tomando las tablas de referencia

del propio inventario CDI. Así, estos niños fueron candidatos para participar en el taller y se les hizo la invitación para participar en este. Posterior a las 10 semanas (tiempo 2) de intervención se re-evaluó el lenguaje con el mismo instrumento, con el objeto de evaluar el avance del lenguaje mediado por la intervención. También, aquellos niños que por diversas razones no participaron en el taller fueron re-evaluados con el objeto de evaluar el avance sin la intervención.

5) Diseño de la investigación. Los niños fueron asignados a dos grupos: condición de tratamiento o condición de control, en dependencia de la decisión de los padres a participar en el taller (condición de tratamiento) o de no participar (condición de control). El *status* inicial de todos los niños que participaron o no en el taller era de hablantes tardíos. Todos habían calificado por debajo del percentil 10 en el CDI, además de haber pasado la prueba de tamiz de desarrollo infantil EDI, con la que se descartaron otros problemas del neurodesarrollo. A todos los padres que decidieron participar en el taller de intervención se les hizo firmar una carta-compromiso para asistir a 80% o más de las sesiones.

6) Resultados. A grandes rasgos, lo que funcionó positivamente fue la asistencia de por lo menos uno de los padres o el cuidador principal al 80% de las sesiones y su involucramiento en las tareas con los niños durante las sesiones. Lo que no funcionó fue que los padres o cuidadores se quedaran pasivos ante una actividad propuesta durante la sesión o que la actividad no la reprodujeran diariamente en casa hasta la siguiente sesión. Tampoco funcionó la asistencia intermitente o discontinua de las familias a las sesiones.

7) Publicación. El resumen del programa se puede consultar en la página del Instituto Mexicano para la Atención del Niño (IMAD, A.C.), organización que publica informes en su sitio web. También,

actualmente se elabora un artículo científico con los resultados más sobresalientes, para publicarlo en una revista arbitrada.

Características del programa de actividades

El programa tiene las siguientes características:
- Está dirigido por un terapeuta/especialista en problemas del lenguaje
- Se acompaña de monitores del desarrollo quienes verifican que los padres o cuidadores comprendan correctamente las actividades propuestas y se provee retroalimentación
- Se ofrece en grupos de padres de niños con retraso del lenguaje entre los 18 y los 30 meses de edad (máximo 10 familias por grupo por programa)
- Se evalúa individualmente a cada niño antes y después de la intervención
- Se monitorea semanalmente mediante reuniones y supervisión de videos durante 10 semanas que dura el programa de las actividades propuestas

Pasos recomendados sobre cómo estimular el lenguaje

Sobra decir que la intervención siempre debe ser adecuada a las necesidades del niño porque cada uno tiene sus propios procesos y sus diferencias individuales. Pero, dado que el lenguaje es una forma del pensamiento, los pasos por los que atraviesa cualquier niño son similares. No obstante, dicha variabilidad se manifiesta casi siempre dentro de ciertos parámetros esperables que ocurren después del alcance de determinados estadios, sin saltos ni modificaciones radicales. Es a lo que se ha denominado la **estabilidad del desarrollo** (Bornstein & Putnick, 2012). Por tal razón aquí se presenta un diagrama de flujo de estos pasos por los que atraviesan y por los que se debe insistir en su proceso de aprendizaje.

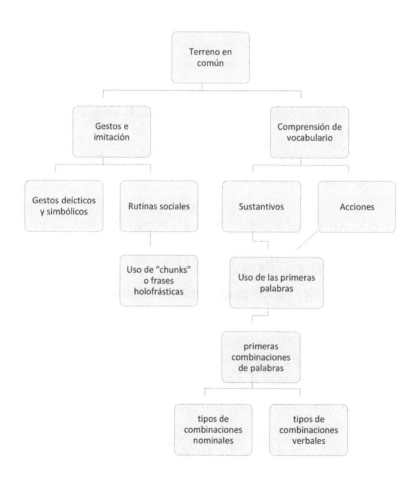

Es necesario detenernos en los pasos de este diagrama, pues explicar cada componente puede ayudar a padres y maestros a estimular paso a paso el desarrollo del lenguaje, tomando en cuenta el camino de los hitos del desarrollo. También es importante mencionar algunas consideraciones que hacen más fácil que el niño se adhiera a lo que llamaremos "sesión" de intervención. Cada una de las sesiones se basa en el esquema anterior y tiene un fundamento teórico descrito a lo largo de los capítulos del libro.

PUNTOS PARA RECORDAR DURANTE LAS SESIONES DE INTERVENCIÓN

Para que las estrategias de intervención temprana sean efectivas siempre deben ser:

- FOCALIZADAS: tener claro el objetivo de trabajo y hacer una especie de bombardeo.
- MÚLTIPLES EXPOSICIONES: recordemos el concepto de "dosis" que es una cantidad suficiente de exposiciones para presentar ejemplos del objetivo, en muchos contextos y muchas oportunidades de escucha. Esto se refiere a una administración concentrada.
- FRECUENTES: Debe haber apego a las sesiones y estas deben ser continuas; realizarlas sistemáticamente, semana a semana.
- CÍCLICAS: la dosis debe ser de cuatro a cinco veces por semana; es decir, realizar la actividad de la sesión semanal de forma constante en otros días de la semana.

Sesión 1a: El terreno en común

Información proporcionada en la sesión

El proceso de adquisición del lenguaje ocurre de manera natural y sigue una ruta casi siempre similar cuando comparamos el desarrollo de varios niños. Pero en algunos casos, ciertos niños presentan un poco de dificultad en el proceso; esto no significa que no puedan aprender a hablar, sino que les cuesta más trabajo. Un punto fundamental es asegurarnos de que el niño comparta su atención con los padres, maestros o cuidadores. Aunque parezca vano decirlo, es necesario que el niño esté alimentado, haya descansado y se encuentre alerta, para lograr captar su atención.

Debemos sentarnos a la altura de los ojos del niño para que podamos intercambiar miradas. Además, podremos tener algún objeto o juguete del interés del niño para que podamos establecer un "triángulo de atención": el adulto, el niño y el objeto. Al principio, los lapsos de atención son cortos, pero poco a poco se puede lograr que el niño extienda más minutos de atención en la actividad que se lleva a cabo con él.

Objetivos:
- Que el niño se dé cuenta que hay un intercambio entre el adulto, el juguete y él mismo.
- Que el niño comparta su atención con el adulto por varios minutos.

Material:
- Un tapete chico, toalla o cobija donde su ubique el espacio de atención compartida. Al usar cualquiera de éstos, se delimita implícitamente un terreno que le indica al niño que es tiempo de comenzar con una actividad compartida.

- Un juguete que sea del interés del niño (no videojuegos, tabletas, teléfonos móviles, ninguna pantalla).

ACTIVIDADES SUGERIDAS:
- Sentarse a la altura de los ojos del niño.
- Llamar la atención del niño viéndolo a los ojos.
- Llamar la atención del niño señalando objetos, animales, juguetes o comida.
- Modificar la entonación resaltando la palabra o acción que buscamos que atienda.

Sesión 1b: La imitación

Información proporcionada en la sesión

Imitamos a los demás porque tenemos la habilidad cognitiva para hacerlo. Cuando el niño lo hace es porque ha prestado atención al adulto y al objeto o la acción del momento. La imitación no tiene que ser necesariamente de lo que se dice; puede ser de los gestos o acciones que se llevan a cabo. Un niño debe tener la habilidad de imitar un evento esperado (a lo que se le llama canónico) o uno inesperado (llamado no canónico). Por ejemplo, si yo tomo comida de juguete y juego a comerla, el niño puede imitar esa acción que es esperada (canónica). Pero si juego a ponerme la comida en la cabeza, el niño también puede imitar esa acción no esperada (no canónica). De hecho, uno espera que al niño le sorprenda esta última acción, pero que logre hacerla. Estas dos formas de imitación podemos realizarlas en casa con cualquier objeto; debemos incitar al niño a hacerlas con el adulto, llamar su atención sobre el objeto, juguete o acción y hacerle saber que es su turno para realizar el juego.

Objetivos:
- Lograr que el niño imite una acción esperada (canónica) con un juguete durante su turno.
- Lograr que el niño imite una acción no esperada (no canónica) con un juguete durante su turno.

Material:
- Un tapete chico, toalla o cobija donde se ubique el espacio de atención compartida.
- Un juguete que sea del interés del niño (no videojuegos, tabletas, teléfonos móviles o ninguna pantalla).

Actividades sugeridas:
- Con algún juguete de comida o transportes (vehículos), jugar a "que me lo como" o a que "se mueve", haciendo un sonido típico de motor. Darle el juguete al niño para que lo imite durante su turno.
- Tomar un juguete (puede ser el mismo del juego de imitación anterior) y jugar a que "me lo pongo en la cabeza" o alguna otra acción no esperada sobre el juguete (no comérselo si es comida; no moverlo haciendo el sonido típico de motor, si es vehículo). Darle el juguete al niño para que lo imite durante su turno. Tratar de que imite la acción de manera semejante, aunque no sea idéntica.

Sesión 2: Uso de gestos para señalar (deícticos)

Información proporcionada en la sesión

Los gestos, en general, son una etapa previa al desarrollo del lenguaje hablado y su estimulación nos ayuda a que el niño logre poco a poco a dar el salto a decir palabras. Existen diferentes gestos que revisaremos en las siguientes sesiones. Hoy nos enfocaremos en fortalecer los gestos de señalar.

Antes de decir palabras se necesita saber que se relacionan con los objetos. Antes de decir palabras se necesita señalarlas. La comunicación con gestos también es lenguaje. Señalamos lo que necesitamos, para pedir alguna cosa y también para compartir información con los demás. Es decir, no siempre necesitamos palabras para decir algo. Por ejemplo, un niño puede escoger entre varios alimentos o juguetes, cuando señala lo que quiere.

También señalamos para compartir algo que nos gusta o interesa. Es normal que un niño, por ejemplo, vea un globo y lo señale, no porque lo quiera, sino porque desea compartir su interés con nosotros. O que nos muestre un objeto que tiene en su mano para que lo veamos. El niño pequeño puede señalar con toda la mano abierta o con el dedo índice. Al hacer esto, ya estamos estableciendo una comunicación con él.

Debemos recordar que los gestos son necesarios y no sustituyen a las palabras; los gestos complementan la información. Entonces, no pretendemos que el niño deje de usar gestos, sino que aumente su uso, porque todas las personas los usan. Con el aumento del uso de gestos estamos impulsando el desarrollo de la comunicación.

Objetivos
- Lograr que el niño señale un objeto que necesita.
- Lograr que el niño señale un objeto que le guste o le interese.

- Tener paciencia para que logre la actividad de señalar (no es necesario que diga la palabra).

Material:
- Un tapete chico, toalla o cobija donde su ubique el espacio de atención compartida.
- Sentarse a la altura de los ojos del niño.
- Un alimento (puede ser una fruta) o juguete que sea del interés del niño (no videojuegos, tabletas, teléfonos móviles, ninguna pantalla).

ACTIVIDADES SUGERIDAS:
- Ofrecer al niño diferentes frutas, juguetes, y que escoja señalando una de ellas (con la mano extendida o con el dedo índice). Por ejemplo, preguntar: "¿Cuál te gusta más?" "¿cuál quieres comer?" "¿cuál de éstos es tuyo?"

Sesión 3: Uso de gestos simbólicos y rutinas sociales

Información proporcionada en la sesión

Los gestos son parte de la comunicación y son las bases para que nuestro hijo construya y después logre decir palabras. Ya vimos como primera parte los gestos de señalar, con los que los niños nos enseñan lo que desean y lo que les llama la atención.

En esta sesión, buscamos que los niños hagan gestos simbólicos que representan el mundo, aunque no esté el objeto presente, como mover los brazos para representar un "pájaro" o poner la mano en la oreja para hacer que "hablamos por teléfono". Con sólo hacerlos entendemos algo, como decir que "sí" con el dedo o "adiós" con la mano. Estos gestos nos sirven también como adultos, porque nos ayudan a transmitir información a otros.

Por otro lado, las rutinas sociales son juegos, canciones y otras actividades con acciones repetitivas, como jugar a "hacer tortillitas" sólo con las manos, o cantar "Los maderos de San Juan". Las canciones ayudan a que los niños imiten a los adultos haciendo una secuencia de gestos simbólicos. Por ejemplo, los niños pueden anticipar que en "Los maderos de San Juan", el adulto hará un balance sobre el regazo y posteriormente vendrán las cosquillas. Una secuencia un poco más larga con gestos más complejos sucede con "La foca Ramona". En esta canción, al mismo tiempo que se canta, se realizan gestos con las manos que representan a "la foca" (haciendo un aleteo), a "la pelota" (haciendo un movimiento circular y grande), al movimiento de "aventar" (haciendo como si se avienta para arriba y cae) y al acto de "comer pescado" (haciendo el gesto de comerlo). Aunque el niño no hable, puede seguir la rutina anticipando todos los gestos.

Objetivos
- Que los niños puedan comunicarse con gestos que ayuden a transmitir información de objetos no presentes.
- Que los niños puedan adaptarse a juegos y cantos nuevos que sus padres les enseñen.

Actividades de la sesión (para repetir en casa)

• Adiós/bye bye • Bravo/aplaudir • Lanzar besitos • Hacer ojitos • Shhhhh • Vamos/ven (con las manos)	• Rutina de buenos días/buenas noches • "Juego del calentamiento" • "Los maderos de San Juan" • "La foca Ramona" • "A la rorro niño" • "Hacer tortillitas" • Canción de despedida

Material de la sesión (opcional)
- Canciones grabadas y/o cantadas

Sesión 4a: Comprensión de palabras

Información proporcionada en la sesión

En esta sesión vamos a hablar de palabras que los niños pueden entender. Generalmente son palabras de animales, comida, lugares de la casa, juguetes. Queremos que las entiendan y luego, poco a poco, puedan decirlas (aunque eso no es lo que buscamos en esta sesión). Se trabajará con palabras que ya conoce y poco a poco se agregarán palabras que el niño no conozca. Es importante hacer "habla contingente", o sea hablar sobre lo que el niño presta atención en el momento mismo de jugar o ver algo. Por ejemplo, si estamos jugando con frutas (de juguete o reales) podemos agregar alguna que no reconozca porque no la sabe. El niño va comparando el nombre de las frutas con aquéllas que ya conoce y cuando se le presente una desconocida con su nombre, por descarte logrará identificar a la nueva. De esta manera, el niño entenderá poco a poco más palabras y sabrá identificarlas en la vida cotidiana.

- Para que un niño entienda una palabra, no es necesario que la diga, sino que cuando la escuche, voltee a ver al objeto del que se está hablando o lo señale.

Objetivos
- Que el niño entienda palabras nuevas. Sabemos que entiende la palabra o la reconoce cuando voltea a ver el objeto al que se refiere la palabra. No tiene que decirla todavía, aunque está bien si lo hace.
- Que el niño pueda identificar qué palabras se agrupan con otras, y reconocer las diferencias entre los nuevos objetos y los que ya son conocidos.

Actividades de la sesión (para repetir en casa)
- Durante la semana vamos a practicar actividades parecidas a las que se trabajó en la sesión, ya sea con objetos nuevos en casa o mientras vamos por la calle.

Un juego que recomendamos mucho es jugar "veo, veo" y nombrar todo lo que se esté viendo en el momento, para que el niño entienda más palabras de la vida cotidiana

Sesión 4b: Comprensión de palabras inventadas o no-palabras

Información proporcionada en la sesión

Esta sesión es sólo una variación del juego de comprensión de palabras. Vamos a hablar de palabras inventadas o no-palabras que los niños también pueden entender. Generalmente se habla de animales, comida, lugares de la casa o juguetes. Y ahora, entre las palabras conocidas se puede agregar una completamente desconocida que se haya inventado. Se juega con este tipo de palabras para llamar la atención del niño sobre el lenguaje. Además de llamar su atención se intenta provocar "juego" con el lenguaje.

Por ejemplo, si jugamos con animales de peluche (pueden ser muñecos o tarjetas) podemos mencionar al oso, al perro, a la jirafa (conocidos) y luego a "Nano". Nuevamente, por descarte, el niño ubicará que el nombre desconocido es el del "animal nuevo". Recordemos que no es necesario que diga la no-palabra, sino que cuando la escuche, voltee a ver el objeto del que se está hablando o lo señale.

Objetivos
- Que el niño entienda palabras nuevas. Sabemos que entiende la palabra o la reconoce cuando la voltea a ver. No tiene que decirla, aunque está bien si lo hace.
- Que el niño sepa que podemos jugar con las palabras inventadas y reconocerlas ante objetos nuevos o desconocidos.

Actividades de la sesión (para repetir en casa)
- Durante la semana vamos a practicar actividades parecidas a la que se trabajó en la sesión, ya sea con objetos nuevos en casa o mientras vamos por la calle.

Sesión 5: Comprensión de palabras de acción (verbos)

Información proporcionada en la sesión

Los bebés, desde los 6 meses de edad, pueden seguir las acciones de los demás con la mirada. Un poco más tarde pueden realizar ellos mismos las acciones después de haberlas observado y esto les ayuda a comprender cómo suceden algunos hechos. A partir de su propia experiencia imitando a los otros logra entender el porqué de las acciones y para qué se hacen.

En la sesión pasada trabajamos con la comprensión de palabras en general, desde las que se refieren a frutas y animales, hasta objetos nuevos o desconocidos para los niños. En esta sesión, vamos a ver palabras que dan a entender acciones simples y de la vida diaria.

Para que un niño entienda una palabra de acción, no es necesario que la diga. Por ejemplo, si cuando estamos jugando, le digo "¿Me prestas el juguete?" Y me lo da o no me lo quiere dar, sabemos que entendió la acción.

OBJETIVOS
- Que el niño entienda acciones conocidas y nuevas (no tiene que decirlas todavía, aunque está bien si lo hace).

ACTIVIDADES DE LA SESIÓN
(PARA REPETIR EN CASA)
- Durante la semana vamos a practicar con algunas acciones como las siguientes:

• abrir	• cocinar	• patear
• agarrar	• comer	• pintar
• amarrarse	• correr	• poner
• apagar	• dar besitos	• romper
• apurarse	• escuchar	• sacar
• bailar	• esperar	• saltar
• buscar	• gritar	• sentarse
• caerse	• jalar	• soplar
• callarse	• juntar	• subir
• cargar	• meter	• tocar
• cenar	• pararse	• tomar
• cerrar		

Es muy importante recordar que las acciones (verbos) deben modelársele al niño, pero desde su perspectiva, como si él mismo la dijera. Esto quiere decir que cuando hablamos de una acción con el niño decimos "la pateo" (una pelota), "me lo como" (un plátano). Las acciones nunca se modelan en infinitivo, puesto que nunca usamos los verbos de esta forma. Siempre le ponemos tiempo (presente, pasado o futuro) y le ponemos persona (en este caso la primera persona del singular, para simular que el niño dice la acción mientras sucede, por ejemplo, "me lo pongo" "me baño").

Algunas actividades recomendadas para hacer en casa son las siguientes:

Material sugerido:	Objetivo:
• Varias pelotas pequeñas de plástico y una canasta o caja.	• Que el niño diga "la meto/metí", "la saco/saqué", "la aviento/aventé", "la pateo/pateé"* (para practicar el tiempo presente o pasado, si ya se hizo la acción).
• Burbujas	• Que el niño diga "la veo/estoy viendo", "la atrapo/estoy atrapando", "la aplasto/estoy aplastando"* (para practicar el tiempo presente o gerundio, si ya la acción está sucediendo en el momento).

* No es necesario que diga todo completo ni bien pronunciado, pero sí que haga el esfuerzo por decirlo.

Sesión 6: Comprensión de oraciones

Información proporcionada en la sesión

Los bebés desde antes del año de edad prestan atención, no sólo a las palabras aisladas, sino a las oraciones. Prestan atención a la forma en que entonamos la oración, lo que les ayuda a saber si afirmamos, pedimos o preguntamos algo.

En la comprensión de oraciones, los niños se fijan tanto en las "palabras chiquitas" (artículos, preposiciones), como en las "palabras grandes" como nombres de objetos (sustantivos) y palabras de acción (verbos). Por esta razón es importante que los niños escuchen oraciones completas, aunque no sean capaces de producirlas todavía.

Sabemos que un niño comprende una oración porque es capaz de hacerla o porque puede reconocerla, por ejemplo, en una representación visual (como una foto). Recordemos que no tiene que decir la oración todavía, aunque está bien si lo hace.

OBJETIVOS
- Que el niño escuche una oración y la distinga de otra. Por ejemplo, que sepa distinguir en dos imágenes: "este es un oso que carga el niño", "este es un oso que carga la niña".
- Que el niño realice una acción cuando se le pide, por ejemplo: "mete la pelota verde en la caja" (cuando hay varias pelotas de varios colores).
- Que el niño sea capaz de seguir órdenes, aunque parezcan simples.

ACTIVIDADES DE LA SESIÓN (PARA REPETIR EN CASA)

Material sugerido:	Meta:
• Varias pelotas pequeñas de plástico de colores y una canasta o caja.	• Que el niño distinga entre varias pelotas de colores/tamaños y que realice la acción ("saca/mete/avienta la pelota verde").
• Resaque de foamy	• Que el niño distinga entre varias formas de colores/tamaños y que realice la acción ("mete/dame el círculo rojo").
• Tarjetas con acciones y personas que se puedan contrastar (p.e. niño/niña, bañar/ensuciar).	• Que el niño entregue la tarjeta con la acción y persona que se solicita ("dame/señala al niño que se baña" vs. "dame al niño que se ensucia" o "dame a la niña que se baña vs. "dame al niño que se baña").

Sesión 7: Uso de palabras

Información proporcionada en la sesión

Los bebés alrededor del año de edad ya pueden comenzar a decir sus primeras palabras. Generalmente hablan de lo que les gusta (juguetes, animales), de lo que les interesa o necesitan (comida) o de lo que tienen cerca (objetos dentro de la casa).

Las primeras palabras que usan los niños no se pronuncian bien; pero aun así se consideran palabras. Un niño puede decir "bela" para llamar a su abuela; si esta forma siempre se usa así para nombrarla, entonces se considera una palabra.

Las palabras siempre deben ser usadas en oraciones en lugar de decírselas al niño de forma aislada. Esto provoca que el niño reconozca claves del contexto, de la entonación y del significado para que entienda a qué se refiere la palabra (por ejemplo, "mira, esto es un gusano" en lugar de "gusano").

OBJETIVOS
- Que el niño produzca algunas emisiones de palabras cortas y sencillas para referirse a algún objeto.
- Que el niño aprenda alguna palabra nueva y que intente repetirla.
- Que el adulto diga la palabra usando una entonación exagerada y que la use en oración.

ACTIVIDADES DE LA SESIÓN
(PARA REPETIR EN CASA)
- Presentar una palabra nueva **siempre** en una oración y **exagerar** el tono para remarcar la palabra.
- Recordar que siempre que su hijo esté diciendo algo, debe empujarlo a decir un poco más. Por ejemplo: si dice "leche",

lo empujamos a que diga "*dame* leche", luego "dame *la* leche", etcétera.

Material sugerido:	Meta:
• Cuentos • • Jugar a "hacer algo" (por ejemplo, el juego de hacer tacos).	• Que el niño reconozca la palabra "meta" y la diga, aunque sea mal pronunciada o diga una sola sílaba de la palabra.

Sesión 8: Uso de frases y oraciones

Información proporcionada en la sesión

El niño de 24 meses de edad aprende palabras nuevas cada día, incluyendo palabras de acciones (verbos) y consigue combinar algunas palabras como "quiero leche". Con la producción de los primeros verbos, también se anuncia la combinación de palabras, lo cual da origen a las primeras oraciones. Las combinaciones de palabras pueden ser del tipo "ven mamá" o "papá calle". La combinación con otras palabras, incluyendo las "chiquitas" de la lengua (preposiciones, artículos, etc.) darán mayor longitud a la oración y con ello, mayor complejidad.

Recordemos que el uso de verbos tiene un efecto positivo en el desarrollo de las oraciones, especialmente en la combinación inicial de palabras. Los verbos funcionan como "imanes" de otras palabras, y por eso vamos a enfatizar el uso de verbos junto con otra palabra.

- Un verbo puede cambiar: por ejemplo, podemos decir "compro" "compramos" o "compré". Esa palabra funciona como "imán" para decir también qué compré: "compré pan", "compramos en el mercado").
- Recordar que siempre que su hijo esté diciendo algo, debe empujarlo a decir un poco más. Por ejemplo: si dice "compro", lo empujamos a que diga "*compro* pan", luego "compro *el* pan".

OBJETIVOS
- Que el niño produzca más de una palabra al hablar de algún evento u objeto.
- Que el padre "empuje" al niño a intentar repetir la emisión más larga, aunque no diga las palabras completas.
- Que el adulto diga la palabra nueva usando una entonación exagerada y que la use en oración.

ACTIVIDADES DE LA SESIÓN (PARA REPETIR EN CASA)

Material sugerido:	Meta:
• Actividades para hacer	• Que el niño diga acciones relacionadas con un objeto.

Sesión 9: Revisión y evaluación

Información proporcionada en la sesión

En esta sesión haremos una revisión de algunas cuestiones adicionales a lo que hemos trabajado en las sesiones anteriores con los niños. Es muy importante hacer conciencia de los factores que influyen el desarrollo del lenguaje del niño para que podamos modificar lo que no ayuda, y mantener e intensificar lo que sí le ayuda, lo que ya aprendimos y/o hacemos para promover el lenguaje.

También debemos entender que cada niño es único y esto se define de acuerdo con los factores que lo rodean, como su propia biología, psicología y sistema de aprendizaje. A continuación se resume lo más importante:

1. Los niños con retraso en el lenguaje son aquellos que dicen menos de 50 palabras y todavía no juntan dos palabras a los 24 meses.
2. Para que una palabra se adquiera debe hacerse la conexión entre un objeto, lugar, persona o acción. Esta conexión llamada mapeo sucede de forma muy lenta cuando se adquieren las primeras 50-100 palabras. Una vez que este mecanismo se aprende, el ritmo se acelera cada vez más hasta volverse un proceso automático. Los hablantes tardíos tienen una comprensión léxica y un sistema de aprendizaje de palabras más lento, comparado con niños de su edad (Tip: debemos exponer a los niños a muchos ejemplos para que hagan frecuentemente conexiones de palabras y objetos, lugares, personas, acciones).
3. Los hablantes tardíos tienen un repertorio de sonidos más simples, tienden a reducir las sílabas, pues muchas de ellas consisten en una sola vocal o una consonante + la vocal. Las habilidades fonéticas y fonológicas de los hablantes tardíos

tienden a retrasarse cuando se comparan con los niños de su edad (Tip: necesitan experimentar con un repertorio más amplio de lo que usan, jugar a decir sílabas nuevas, promover el uso de sílabas o sonidos que todavía no produce).
4. Los niños con retraso del lenguaje no tienen una fuerte motivación para interactuar con otros niños (Tip: ponerlos en contextos sociales como escuela, guardería, clases en grupos).
5. Los niños pequeños pueden retraerse, pero a medida que crecen pueden volverse agresivos (Tip: debemos estar pendientes de los cambios de comportamiento del niño para ayudarlo a integrarse mientras aprende el lenguaje).
6. Muchas veces los padres de niños que hablan poco responden menos cuando su hijo inicia la comunicación. Esto puede ser negativo en el desarrollo del lenguaje de los niños (Tip: Debemos emplear oraciones cortas, concretas y directas para una mejor comunicación con los niños).

Ejemplos ilustrativos

A continuación se presentan algunos casos reales (con nombres no reales) que permiten mostrar algunos perfiles diferentes de niños que han tenido un retraso en su comunicación y lenguaje. Como se verá, cada caso tiene situaciones diversas, a veces más complejas unas que otras, pero que mediante un trabajo constante con los padres y terapeutas puede reducirse el problema con mucho éxito. La idea de presentar estos casos es que monitores, maestros y padres vean cómo la intervención temprana puede reducir el impacto del retraso del lenguaje del niño, aun en circunstancias muy adversas. Veremos que algunos casos tienen una explicación más biológica, mientras que en otros, el contexto sociocultural parece explicar la razón del retraso.

El caso de MANU

a. Antecedentes

MANU tiene 3 años y no habla. Sus padres acuden a consulta porque están preocupados por el desarrollo del lenguaje. La madre señala que usa menos de 50 palabras y es "perezoso para hablar". Actualmente le cuesta trabajo pronunciar sonidos, repetir palabras y usarlas espontáneamente.

A pesar de que no conviven con otros niños de su edad por su situación de vida familiar, los padres recuerdan que la hermana mayor habló antes de los 2 años. MANU nació a término, sin problemas en su desarrollo motriz, neurológico o psicológico. Los padres sospecharon en algún momento que tenía un problema de audición puesto que no siempre pone atención cuando se le llama. Su padre indica que, si bien se les dificulta como familia entenderle lo que dice, no observa que MANU tenga conductas preocupantes, pero es berrinchudo y casi siempre obtiene lo que quiere a gritos y jalando con la mano a sus padres. Escucha bien y es un niño muy inteligente que comprende todo lo que se le dice.

b. Contexto

MANU no acude a la escuela porque el trabajo de sus padres requiere un cambio de domicilio permanente. Viven en un tráiler para poder desplazarse cada dos meses. Durante el trabajo de los padres, MANU ve televisión o juega con juegos de pantalla alrededor de cinco horas al día. Además, no tiene un horario establecido para sus actividades cotidianas como levantarse, comer, jugar, bañarse e irse a dormir. Los padres no acostumbran platicar con MANU de lo que sucedió durante el día; se limitan a darle indicaciones sobre lo que debe hacer. Tampoco acostumbran contar cuentos ni narrar historias.

c. Evaluación inicial

Al realizarle un estudio clínico a través de las observaciones y del Inventario de Habilidades Comunicativas, se observó que MANU no tiene intenciones comunicativas, más allá de pedir lo que necesita en su contexto inmediato. De acuerdo con este inventario, MANU produce 81 palabras lo que lo ubica en el percentil 5, lo cual refuerza la sospecha del retraso. Su rendimiento comunicativo es bastante diferente al compararlo con niños de su misma edad, quienes producen ya en promedio entre 400 y 680 palabras. Como consecuencia de su resultado, es necesario que el niño reciba una intervención inmediata, al mismo tiempo que se hagan los cambios sugeridos en el contexto social para mejorar el desempeño comunicativo.

Más allá del puntaje cuantitativo que ofrece el inventario, las áreas más atrasadas pueden orientar a los terapeutas y padres sobre las zonas donde el niño tiene mayor dificultad. Casi siempre, como en este caso, las áreas que contienen información gramatical son prácticamente nulas, lo que dificulta el inicio de la combinación de palabras. Esto puede dar luz sobre dónde focalizar la intervención. Desgraciadamente, en este caso no fue posible hacer un seguimiento porque los padres volvieron a trasladarse a otro lugar de trabajo. Pero es poco probable que la comunicación de este niño mejore con el tiempo, dada la cantidad de factores ambientales que actúan en contra del desarrollo del lenguaje.

El caso de JOSÉ

a. Antecedentes

JOSÉ tiene 2 años y 3 meses y llega a consulta porque sus padres están preocupados porque tiene problemas expresándose verbalmente. Nació de 38 semanas, pero con buen peso al nacer. El padre también tuvo retraso del lenguaje con recuperación espontánea a los 5 años. Además un tío paterno también cursó con problemas del lenguaje (posiblemente TEL). JOSÉ produce pocas palabras y no ha comenzado con la combinación de palabras (uso de frases esporádicas). La forma común de establecer comunicación con sus padres es a través de gestos y del empleo de la mano para llevarlos hacia su objetivo. Hace contacto visual frecuente, prolongado y es sociable con los extraños. La maestra les informó que él debía hablar para poder ingresar al preescolar. Sus padres son profesionistas y JOSÉ es el segundo hijo, nacido después de 10 años de su hermano primogénito. Si bien JOSÉ no tiene un desarrollo lingüístico correspondiente a su edad cronológica, sí muestra claras intenciones comunicativas.

b. Contexto

Toda la atención de sus padres se dirige hacia él convirtiéndolo en un niño consentido, al que se le resuelve todo, con tan solo llorar o señalar los objetos, para que sus necesidades y deseos fueran cubiertos. También, tiende a dominar la situación puesto que con sus enojos y berrinches, los padres suelen hacer lo que él demande. Al ser hijo único, JOSÉ estaba siendo sobreprotegido y solo personas en su entorno familiar interactuaban con él. Si otras personas ajenas trataban de comunicarse con él, JOSÉ lloraba, lanzaba golpes o movía la cabeza a manera de rechazo. Sus lapsos de atención son breves, no porque presente alguna alteración en esta función, sino porque pierde el interés en una actividad o juguete. Esto daba como resultado que su espacio de juego se llenara de materiales con los que no jugaba. Sus padres recogían los juguetes, restándole oportunidad de participar en una actividad colectiva de cuidado y responsabilidad.

c. Evaluación inicial

Al realizarle un estudio clínico a través de las observaciones y del Inventario de Habilidades Comunicativas, se observó que JOSÉ tiene intenciones comunicativas muy claras, sobre todo para exigir sus demandas. De acuerdo con este inventario, JOSÉ produce 75 palabras lo que lo ubica en el percentil 10, lo cual refuerza la sospecha del retraso. Su rendimiento comunicativo es bastante diferente al compararlo con niños de su misma edad, quienes producen ya en promedio entre 131 y 493 palabras.

En un inicio de la intervención, los padres de JOSÉ no veían que el retraso del lenguaje fuera tan preocupante y les costaba tomar en cuenta las sugerencias que se les hacía para practicar en casa, pero al observar resultados favorables en el lenguaje del niño, así como en su conducta en muy poco tiempo, la actitud de los padres de JOSÉ cambió. El trabajo en casa y la intervención focalizada fomentaron el progreso comunicativo de JOSÉ. En aproximadamente seis meses después de la intervención, JOSÉ alcanzó tener una comunicación exitosa con sus familiares, maestros y compañeros escolares.

El caso de PEDRO

a. Antecedentes

PEDRO tiene 2 años y 8 meses y llega a consulta porque sus padres están preocupados, pues presenta un retraso del lenguaje y tienen dudas sobre su comprensión. En su desarrollo mostró retraso en la aparición del balbuceo (5 meses) y las primeras palabras a 1;6. A los 2 años decía aproximadamente 50 palabras. El abuelo también tuvo retraso del lenguaje persistente hasta la adultez (posiblemente TEL). PEDRO ha comenzado con la combinación de palabras pero es muy escasa. Sus padres se preguntan si será consecuencia del bilingüismo que tienen en casa, pues la madre es hablante nativa del inglés y el padre hablante nativo del español. Ambos son profesionistas y PEDRO es el primero de dos hijos. PEDRO no tiene un desarrollo lingüístico correspondiente a su edad cronológica, pero sí muestra claras intenciones comunicativas.

b. Contexto

Suele ser un niño muy juguetón, inquieto y amigable. También es muy demandante e inteligente, pero suele cansarse rápidamente de las actividades y tiene poca tolerancia a la frustración. Sus lapsos de atención son breves en casa y en la escuela (acude a preescolar) y por lo general es necesario tenerlo activo para que se mantenga atento. Aprende muy rápido en casa y en la escuela.

c. Evaluación inicial

Al realizarle un estudio clínico a través de las observaciones, de una prueba de comprensión de vocabulario y del Inventario de Habilidades Comunicativas, se observó que PEDRO muestra muchas intenciones comunicativas, pero en múltiples ocasiones no sabe cómo utilizar el lenguaje y se queda callado. Ocasionalmente parece necesitar tiempo para procesar lo que se le dice y parece no comprender todo. Se aplicó una prueba de comprensión léxica en la que resultó que sí comprende adecuadamente el vocabulario de su edad. De acuerdo con el inventario, PEDRO produce 175 palabras lo que lo ubica debajo del percentil 15, lo cual refuerza la sospecha del retraso en español. PEDRO produce 235 palabras en inglés lo que muestra que es más dominante el vocabulario en esta lengua, pero también con retraso. Se observa que tiene dificultades para utilizar tiempos verbales en ambas lenguas. Su rendimiento comunicativo se parece al de los niños de 23 meses.

En un inicio de la intervención, los padres de PEDRO fueron muy cooperadores con las terapeutas; en muy poco tiempo, el vocabulario se incrementó notablemente, aunque con lentitud en la gramática. El trabajo en casa y la intervención focalizada.

Cíclica y con mucha exposición al lenguaje tanto en contexto terapéutico como en el familiar, escolar y social fomentaron el progreso comunicativo de PEDRO. Cuando cumplió 4 años, se aplicaron pruebas gramaticales y se confirmó la sospecha de TEL.

Mitos sobre los problemas del lenguaje

Mito 1: Es flojito para hablar, ya hablará

Nadie es flojito para hablar; de hecho, es más fácil hablar que el esfuerzo que implica recurrir a gestos, expresiones y estrategias físicas para transmitir una necesidad o llamar la atención del alguien más. Aunque el desarrollo del lenguaje es muy variable de un niño a otro, todos los pequeños hablantes de cualquier lengua atraviesan por los mismos procesos. Si un niño no ha comenzado con la producción de palabras sueltas alrededor de los 12-15 meses o no junta palabras alrededor de los 24 meses debe evaluarse para saber el motivo del retraso. Los niños pueden tener alguna condición del neurodesarrollo o de la audición que provoque el retraso en la comunicación. Siempre hay un motivo que debe averiguarse para orientar a la familia sobre cómo ayudarle al niño.

Mito 2: El problema se quita solo, sin intervención

La gente dice: "si el lenguaje aparece solo, sin que nadie lo enseñe, entonces su retraso se quitará solo".

Si recibe intervención oportuna:
- Podrían incrementar su vocabulario o comenzar a juntar palabras con seguir algunas recomendaciones sencillas
- El lenguaje se acelera en un menor tiempo, lo que causa que el lenguaje se organice mejor.

Si NO hay una intervención oportuna:
- El lenguaje sí se desarrolla, pero muy lentamente (hasta año y medio más lento que si hubiese recibido la intervención temprana).

Si se RETRASA la intervención:
- Por 6 meses de no-intervención, el lenguaje se retrasa entre 18 y 24 meses. Esto no significa que el niño no hablará, pero el retraso impactará otras áreas.

Mito 3: Hay que esperar hasta los 4-5 años

Uno de los peores errores en el ámbito del lenguaje es esperar a que el problema se resuelva por sí mismo. Al esperar, se desaprovechan períodos sensibles del desarrollo que son los óptimos para la intervención/terapia. Desde antes de los 2 años es posible encontrar indicios de un retraso que debe ser atendido. Cuando la intervención no es inmediata ni oportuna, por decisión de los padres o por recomendación de un pediatra, neurólogo, maestro o familiar, lo más probable es que el lenguaje se desarrolle, pero a un ritmo más lento. Aproximadamente, por seis meses que se retrase la intervención, el desarrollo se retrasa entre 18 y 24 meses. El niño podrá desarrollar el lenguaje, pero el impacto del retraso se reflejará en otras esferas del desarrollo.

Mito 4: El problema se quita haciendo ejercicios de lengua

Un porcentaje alto de los padres y maestros creen que el problema del lenguaje es periférico; es decir, que tiene que ver con una deficiencia orgánica o anatómica que debe corregirse. Los papás y maestros pueden decir que el niño es "torpe" con su lengua y que ese es el origen de no hablar. Muchos padres han caído en manos de pseudo-profesionales, quienes recomiendan el corte del frenillo lingual para "liberar" la causa del retraso. En mi experiencia, muy pocos niños tienen lo que se llama un "frenillo" limitante que les impide pronunciar algunos sonidos del idioma como /rr/, /r/ o /l/. Esto no tiene relación con el retraso comunicativo, cuyo fundamento es cognitivo y tiene que ver con las representaciones mentales que se crean.

Mito 5: Así fue mi esposo/esposa de niño; por ende, ya se le quitará

Muchos problemas del lenguaje tienen una base genética, lo que implica que los problemas se heredan. La herencia estimada es de .29 para niños y .18 niñas de 2 años de edad. Aun cuando aparentemente el problema del padre o la madre se haya erradicado, no quiere decir que el camino del niño vaya a ser el mismo. Los estudios indican que los niños hablantes tardíos que superaron el problema antes de los 5 años de edad, muestran habilidades lingüísticas disminuidas, como la comprensión de lenguaje oral y escrito. Los mismos padres que tuvieron un problema del lenguaje de niños reportan tener dificultades como adultos para expresar ideas complejas, para escribir y optan por actividades que no involucren el uso constante del lenguaje.

Mito 6: Está consentido

Es cierto que hay niños a los que se les adivina lo que quieren y no hacen esfuerzo para utilizar el lenguaje. También es cierto que hay padres que no consideran que este esfuerzo es necesario, por pensar que más tarde el niño hablará. Pero debe saberse que hay muchos niños "consentidos" que usan el lenguaje como un medio de comunicación/interacción. El lenguaje es una función cognitiva y no es una mera consecuencia del ambiente.

Mito 7: No habla porque no quiere

Aunque no es evidente, hablar es una habilidad altamente especializada y abstracta que implica un desarrollo del pensamiento simbólico. Para que un niño comience a hablar tiene que pasar casi un año antes de que comprenda lo más básico de las claves visuales, auditivas, representaciones, categorías y eventos sociales de interacción que le ayuden a estructurar su pensamiento. Es posible que alguno o varios "pasos" no tengan un proceso adecuado y que el niño no pueda producir el lenguaje.

Mito 8: Las pantallas no hacen daño: el niño está escuchando hablar

Hay programas educativos que pueden ayudar en el desarrollo del lenguaje, pero no son por ningún motivo suplentes de las personas. Para que un niño hable necesita de la interacción cara a cara con los adultos primero, y con los niños posteriormente. El uso excesivo de las pantallas, en cualquiera de sus modalidades, es dañino para el desarrollo en general porque vuelve a los niños pasivos, acto contrario a lo que se requiere en la producción del lenguaje. Hoy más que nunca existen retrasos en las habilidades comunicativas ya que los niños están expuestos al uso de la tecnología de forma indiscriminada. Las pantallas se han vuelto las niñeras de los bebés y el mayor entretenimiento de los niños prescolares y escolares. El uso de pantallas se ha vuelto adictivo y por eso las academias mexicana, americana y canadiense de pediatría recomiendan la "dosificación" del uso de los dispositivos.

Mito 9: No debe aprender otro idioma, si ya tiene problema con el suyo

Una recomendación muy común es limitar el aprendizaje de otra lengua, cuando el niño tiene algún retraso del lenguaje. Es bien sabido en la literatura científica que aprender otra lengua es un recurso que se le brinda al niño para el resto de la vida. Nuestro cerebro es inherentemente multilingüe y estamos predispuestos a aprender más de una lengua que nos ayuda a ver el mundo desde diversas perspectivas. Aprender otro idioma nunca está contraindicado cuando el niño presenta un retraso/problema del lenguaje.

Mito 10: Sólo con la terapia/intervención el niño saldrá adelante

En todos los casos, sin excepción, los padres y maestros son partícipes del tratamiento que reciben los niños. Muchos padres piensan que su responsabilidad se limita a llevar al niño a la terapia, pero no realiza los ejercicios que el/la terapeuta indica. Asistir dos o tres veces por semana no es suficiente para combatir un retraso/problema comunicativo. Los padres, terapeutas y maestros son socios y deben apoyar el trabajo porque son quienes pasan más tiempo con los niños. No hay nada mejor que el trabajo en equipo.

Mito 11: Si no hay anomalías en un estudio de resonancia o electroencefalograma, entonces el niño hablará solo

Uno de los problemas con los que se enfrentan los padres y los terapeutas es la recomendación innecesaria de realizar un estudio sofisticado y caro para descartar un "daño" que provoque el retraso o problema del lenguaje. Los padres, en su afán de encontrar el origen del problema someten al niño a este tipo de estudios que en el caso de los retrasos del lenguaje, casi nunca arrojarán algún dato. Durante más de dos décadas los médicos han tratado de atar estas dificultades a un origen biológico, orgánico, anatómico, neurológico. Durante este mismo tiempo también se ha demostrado que el problema tiene qué ver con procesar lentamente la información o alguna disfunción ejecutiva. Es un problema multicausal más de tipo funcional que orgánico.

RESUMEN

- La detección oportuna de un retraso del lenguaje permite el acceso a los servicios de intervención temprana, de modo que, antes de iniciar con el programa, se requiere de una evaluación clínica con la que se identifique la fase del desarrollo en el que se encuentra el niño. Esta evaluación debe ser válida para la población a la que pertenece el individuo; de lo contrario, es posible que haya una mala interpretación y un inadecuado diagnóstico.
- El programa de intervención propuesto en este libro está dirigido a los padres de los niños con retraso del lenguaje, y tiene un doble objetivo: por un lado, busca proveer estimulación focalizada en el lenguaje expresivo, con base en los hitos del desarrollo lingüístico; por otro, ofrecer a los padres información y herramientas prácticas para la estimulación del lenguaje.
- La efectividad del programa de intervención reside en seguir los pasos de la intervención, con ayuda de monitores que saben sobre el desarrollo del lenguaje. Este hecho da la pauta para que el programa pueda replicarse con otros niños.

Bibliografía

Academia Nacional de Medicina [National Academy of Medicine] (2014). *Tamiz auditivo neonatal e intervención temprana.* Position Statement. P. Berruecos (Coord.). Conacyt.

Achenbach, T.M., Rescorla, L.A. (2001). *Manual for the ASEBA School-Age Forms and Profiles.* Universidad de Vermont, Research Center for Children, Youth, and Families.

Acredolo, L. P., & Goodwyn, S. W. (1985). Symbolic gesturing in language development: A case study. *Human Development, 28,* 40–49.

Acredolo, L. P., & Goodwyn, S. W. (1988). Symbolic gesturing in normal infants. *Child Development, 59,* 450–466.

Ainsworth, M., Bell, S., & Stayton, Do. (1974). Infant-mother attachment and social development: Socialisation as a product of reciprocal responsiveness to signals. En M. Richards (Ed.), *The Integration of a Child into a Social World.* Cambridge University Press.

Akhtar, N., & Tomasello, M. (1996) Twenty-four month old children learn words for absent objects and actions. *British Journal of Developmental Psychology 14,* 79-93.

Ato, E., Galián, M. D., & Cabello, F. (2009). Intervención familiar en niños con trastornos del lenguaje: Una revisión. *Electronic Journal of Research in Educational Psychology, 7*(3), 1419–1448.

Austin, G., Huh-Kim, K., Skage, R., & Furlong, M. (2002). *California study survey.* Jointly sponsored by the CA Attorney General's Office. CA Dept. Of Education and Dept. of Alcohol and Drug's Programs. Published by the CA Attorney General's Office.

Auza, A. (En prensa). Desarrollo típico del lenguaje en la etapa preescolar y los signos que evidencian un retraso. *Revista de Neuropsicología.*

Auza, A. (2019). Language as an objective indicator of neurodevelopment. *Scholarly Journal of Otolaryngology 3*(2), 241-242. ISSN: 2641-1709.

Auza, A., & Peñaloza, C. (2019). Factores individuales y familiares en el Trastorno del Desarrollo del Lenguaje (TDL)", Iztapalapa. *Revista de Ciencias Sociales y Humanidades, 86*(40), enero-junio, 11-36.

Auza, A., Kapanzoglou, M., & Murata, C. (2018). Two Grammatical Tasks for Screening Language Abilities in Spanish-Speaking Children. *American Journal of Language Pathology, 19,* 1-16.

Auza, A., Murata, C. Márquez-Caraveo, M.E., & Morgan, G. (2018). *Manual de la prueba de Tamiz para detectar Problemas del Lenguaje (TPL).* Manual Moderno (pp. 64). ISBN: 978-607-448-6506

Bandura, A. (1969). *Principles of behavior modification.* Holt, Rinehart & Winston.

Bannard, C., & Matthews, D. (2008). Stored Word Sequences in Language Learning: The Effect of Familiarity on Children's Repetition of Four-Word Combinations. *Psychological Science, 19*(3), 241–248. https://doi.org/10.1111/j.1467-9280.2008.02075.x

Barr, R., Dowen, A., & Hayne, H. (1996). *Developmental Changes in deferred Imitation by 6 to 24-month old infants. Infant Behavior and Development,* 19, 159-170.

Bates, E., (1979). *The Emergence of Symbols: Cognition and Communication in Infancy.* Academic Press.

Bates, E., Marchman, V., Thal, D., Fenson, L., Dale, P. S., Reznick, J. S., . . . Hartung, J. (1994). Developmental and stylistic variation in the composition of early vocabulary. *Journal of Child Language,* 21, 85-123

Bates, E., Benigni, L., Bretherton, I., Camaioni, L., & Volterra, V. (1979). *The emergence of symbols: Communication and cognition in infancy.* Academic Press.

Batz, R. Anunciação, L., Tobar, C., .Bramwell, D., Acuña, F., Auza, A., Schalla, L., & Durán, L. (En revisión). Home Literacy and Language Environments of Preschool Spanish-Speaking Children: Results from Chile, Ecuador, Guatemala, Mexico, and United States of America.

Beckage, N., Smith, L., & Hills, T. (2011). Small worlds and semantic network growth in typical and late talkers. *PLoS ONE,* 6(5), e19348.

Belsky, J. (1984). The determinants of parenting: a process model. *Child Development,* 55, 83-96.

Belsky, J., Vandell, D. L., Burchinal, M., Clarke-Stewart, K. A., McCartney, K., & Owen, M. T. (2007). Are there long-term effects of early child care? *Child Development,* 78(2), 681-701.

Biro, S., & Leslie, A. M. (2007). Infants' perception of goal-directed actions: development through cue-based bootstrapping. *Developmental Science,* 10, 379-398. https://doi.org/10.1111/j.1467-7687.2006.00544.x

Bishop, D. V. M. (2014). Ten questions about terminology for children with unexplained language problems. *International Journal of Language & Communication Disorders, 49*(4), 381–415. https://doi.org/10.1111/1460-6984.12101

Blacher, J., & Mink, I. T. (2004). Interviewing family members and care providers: Concepts, methodologies and cultures. En E. Emerson C. Hatton, T. Thompson & T. Parmenter (Eds.). *Handbook of Research Methods in intellectual disabilities* (pp 133-160). Wiley

Black, P., Walker, S., Fernald, L.C.H., Andersen, C.T., DiGirolamo, A. M., Chunling, L., McCoy, D.C., Fink, G., Shawar, J.R., Shiffman, J., Devercelli, A.E., Wodon, Q.T., Vargas-Barón, E., & Grantham-McGregor, S. (2017). Early childhood development coming of age: science through the life course. *Lancet, 389,* 77–90.

Bornstein, M., Hendricks, C., Haynes, M., & Painter, K. (2007). Maternal sensitivity and child responsiveness: Associations with social context, maternal characteristics, and child characteristics in a multivariate analysis. *Infancy, 12*(2), 189–223.

Bornstein, M.H. (1989). Sensitive periods in development: structural characteristics and causal interpretations. *Psychological Bulletin 105,* 179–197.

Bornstein, M., & Putnick, D. (2012). Stability of language in childhood: A multi-age, -domain, -measure, and -source study. *Developmental Psychology, 48*(2), 477–491.

Bradley, R., & Corwyn, R. (2002). Socioeconomic status and child development. *Annual Review of Psychology, 51,* 371–399. https://doi.org/10.1146/annurev.psych.53.100901.135233

Bradley, R., & Corwyn, R. (2005). Caring for children around the world: A view from HOME. *International Journal of Behvioral Development, 29*(6), 468–478.

Bretherton, I., O'Connell, B., Shore, C., & Bates, E. (1984). The effect of contextual variation on symbolic play development from 20 to 28 months. *Symbolic Play*, 271-298. http://dx.doi.org/10.1016/b978-0-12-132680-7.50014-4.

Bronfenbrenner, U. (1979). *La ecología del desarrollo humano*. (A. Devoto, Trad.). Paidós.

Bronfenbrenner, U., & Morris, P. (2006). The Bioecological Model of Human Development. En W. Damon , & R. Lerner (Edits.), *Handbook of Child Psychology* (6th ed., 793-828). John Wiley & Sons.

Burden, V., Stott, C.M., Forge, J., & Goodyer, I. (1996). The Cambridge Language and Speech Project (CLASP). Detection of language difficulties at 36 to 39 months. *Developmental Medicine & Child Neurology, 38*(7), 613-31.

Butcher, C., & Goldin-Meadow, S. (2000). Gesture and the transition from one- to two words speech: When hand and mouth come together. En D. McNeill (Ed.), *Language and gesture* (pp. 235-258). Cambridge University Press.

Bybee, J. (2010). Language, Usage and Cognition. Cambridge University Press. https://doi.org/10.1017/CBO9780511750526

Byeon H, & Hong S. (2015). Relationship between television viewing and language delay in toddlers: Evidence from a Korea national cross-sectional survey. *PLoS One, 10*: e0120663.

Cabrera, N., Shannon, J., & Tamis-LeMonda, C. (2007). Father's influence on their children's cognitive and emotional development: from toddlers to pre-k. *Applied Developmental Science, 11*(4), 208-213.

Camarata, S. M., Nelson, K. E., & Camarata, M. N. (1994). Comparison of conversational-recasting and imitative procedures for training grammatical structures in children with specific language impairment. *Journal of Speech and Hearing Research, 37,* 1414–1423.

Camarata, S. M., & Nelson, K. E. (2006). Conversational recast intervention with preschool and older children. En R. J. McCauley & M. E. Fey (Eds.), *Treatment of language disorders in children* (pp. 237–264). Brookes.

Calleja, M., Rodríguez, M., & Luque, M.L. (2014). La utilidad del procedimiento del *Milieu Teaching* Mejorado en bebés con severos problemas de comunicación y lenguaje en el contexto clínico. *Revista de Investigación en Logopedia, 4*(1) 28-47.

Capirci, O., Contaldo, A., Caselli, M.C., & Volterra V. (2005). From action to language through gesture: A longitudinal perspective. *Gesture,* 5, 155-177.

Capirci, O., Iverson, J., Pizzuto, E., & Volterra, V. (1996). Gestures and words during the transitions to two-word speech. *Journal of Child Language, 23,* 645-673.

Caraveo, J. J., Colmenares, E., & Martínez, N. (2002). Síntomas, percepción y demanda de atención en salud mental en niños y adolescentes de la Ciudad de México. *Salud Pública Mexicana, 44*(6), 492–498.

Carson, D., Klee, T., Perry, C. K., Muskina, G., & Donaghy, T. (1998). Comparisons of children with delayed and normal language at 24 months of age on measures of behavioral difficulties, social and cognitive development. *Infant Mental Health Journal, 19,* 59–75.

Carson, C. P., Klee, T., Carson, D., & Hime, L. (2003). Phonological profiles of 2 year-olds with delayed language development: Predicting clinical outcomes - at age - 3. *American Journal of Speech-Language Pathology 12,* 28-39.

Chakrabarti, S. (2009). Early Identification of Autism. *Indian Pediatrics, 46,* 412–414.

Centers for Disease Control and Prevention (2016). *Child abuse and neglect: Risk and protective factors.* Center for Disease Control, Injury Prevention Control, Division of Violence Prevention http://www.cdc.gov/violenceprevention/childmaltreatment/riskprotectivefactors.html.

Clark, E. (2003). "Words and meanings" En *First Language Acquisition.* Cambridge University Press, p.p. 131-158

Clark, E. V. (2016). *First language acquisition* (3a ed.). Cambridge University Press.

Collison, B. A., Graham, S.A., Preston, J. L., Rose, M. S., McDonald, S., & Tough, S. (2016). Risk and Protective Factors for Late Talking: An Epidemiologic Investigation. *The Journal of Pediatrics, 172,* 168-174.

Colonnesi, C., Stams, G. J. J., Koster, I., & Noom, M. J. (2010). The relation between pointing and language development: A meta-analysis. *Developmental Review, 30,* 352–366.

Colozzi, G.A., Ward, L.W., & Crotty, K.E. (2008). Comparison of Simultaneous Prompting Procedure in 1:1 and Small Group Instruction to Teach Play Skills to Preschool Students with Pervasive Developmental Disorder and Developmental Disabilities. *Education and Training in Developmental Disabilities, 43*(2), 226-248.

Colunga, E., & Sims, C. E. (2017). Not only size matters: Early-talker and late-talker vocabularies support different word learning biases in babies and networks. *Cognitive Science, 41*(1), 73–95.

Conti-Ramsden, G., St Clair, M., Pickles, M. C., & Durkin, K., (2012). Developmental trajectories of verbal and nonverbal skills in individuals with a history of specific language impairment: from childhood to adolescence. *Journal of Speech, Language and Hearing Research*, 55, 1716.

Chang SM, Grantham-McGregor SM, Powell CA, et al., (2015). Integrating a parenting intervention with routine primary health care: a cluster randomized trial. *Pediatrics, 136*, 272–80.

Dale, P. S., Hayiou-Thomas, M. E. (2013). Outcomes for late talkers: a twin study. En L. A Rescorla & P. S. Dale, (Eds.), *Late Talkers, language development, interventions and outcomes*. Paul H. Brookes Publishing (p.p. 241-257).

Dale, P. S., Price, T. S., Bishop, D. V. M., & Plomin, R. (2003). Outcomes of early language delay: I. Predicting persistent and transient language difficulties at 3 and 4 years. *Journal of Speech, Language, and Hearing Research, 46*, 544–560. https://doi.org/10.10441192-4388(2003/044)

de Boysson-Bardies, B., & Vihman, M. M. (1991). Adaptation to language: evidence from babbling and first words in four languages. *Language*, 297–319. https://doi.org/10.1353/lan.1991.0045

Decety, J., Chaminade, T., Grèzes, J., Meltzoff, A.N. *(2002)*. A PET exploration of the neural mechanisms involved in reciprocal imitation. *Neuroimage, 15(1), 265-72*.

Deci, F. L ., & Ryan, R. M. (2000). Intrinsic and Extrinsic Motivations: Classic definitions and new directions. *Contemporary Educational Psychology, 25*, 54-67.

Desmarais, C., Sylvestre, A., Meyer, F., Bairati, I., & Rouleau, N. (2010). Three Profiles of Language Abilities in Toddlers with an Expressive Vocabulary Delay: Variations on a Theme. *Journal of Speech Language and Hearing Research* 53(3), 699-709. https://doi.org/10.1044/1092-4388(2009/07-0245)

DeVeney, S. L., Hagaman, J. L., & Bjornsen, A. L. (2017). Parent-Implemented Versus Clinician-Directed Interventions for Late-Talking Toddlers: A Systematic Review of the Literature. *Communication Disorders Quarterly*, 39(1), 293–302. https://doi.org/10.1177/1525740117705116

de la Cruz-Pavía, I., Marino, C., & Gervain, J. (2021). Learning word order: early beginnings. *Trends in Cognitive Sciences*. DOI: https://doi.org/10.1016/j.tics.2021.04.011

Dominey, P.F., & Dodane, C. (2004). Indeterminacy in language acquisition: The role of child directed speech and joint attention. *Journal of Neurolinguistics, 17,* 121-145.

Domingues-Montanari, S. (2017). *Clinical and psychological effects of excessive screen time on children. Journal of Paediatrics and Child Health,* 53(4), 333–338. https://doi.org/10.1111/jpc.13462

Donnellan, E., Bannard, C., McGillion, M., Slocombe, K., & Matthews, D. (2019). Infants' intentionally communicative vocalizations elicit_responses from caregivers and are the best predictors of the transition to language: A longitudinal investigation of infants' vocalizations, gestures and word production. *Developmental Science,* e12843. https://doi.org/10.1111/desc.12843

Echeverría, Monsalve, Garzón, Correa, González, Londoño, et al. (2001). *Diseño y montaje de un preescolar como experiencia pedagógica. La proyección social desde el preescolar: una experiencia para el ejercicio pedagógico del maestro en formación.* Universidad de Antioquía; 2001. 21, 11, 2018 <http://ayura.udea.edu.co:8080/jspui/bitstream/123456789/979/1/CA0444.pdf>.

Edward A. Frongillo, Fahmida Tofail, Jena D. Hamadani, Andrea M. Warren, & Syeda F. Mehrin (2014). Annals of The New York Academy of Sciences Issue: Integrating Nutrition and Early Childhood Development Interventions Measures and indicators for assessing impact of interventions integrating nutrition, health, and early childhood development.

Ferinu, L., Ahufinger, N., Pacheco-Vera, F., Sanz-Torrent, M., & Andreu, L. (2020). Antecedentes familiares, factores sociodemográficos y dificultades lingüísticas en el trastorno del desarrollo del lenguaje. *Revista de Logopedia, Foniatría y Audiología*.

Engle, P. L ., & Black, M. M. (2008). *The Effect of Poverty on Child Development and Educational Outcomes*. Annals of the New York Academy of Sciences, 1136, 243-256.

Ellis-Weismer, S., & Evans, J. L. (2002). The Role of Processing Limitations in Early Identification of Specific Language Impairment. *Topics on Language Disorders, 22*(3), 15–29 https://doi.org/10.1196/annals.1425.023

Ellis-Weismer, S., Lord, C., & Esler, A. (2010). Early Patterns of Toddlers on the Autism Spectrum Compared to Toddlers with Developmental Delay. *Journal of Autism Developmental Disorders, 40*(10), 1259–1273.

Ellis-Weismer, S., Venker, C. E., Evans, J. L ., & Moyle, M. J. (2013). Fast Mapping in Late-Talking Toddlers. *Applied Psycholinguistics, 34*(1), 69–89. https://doi.org/10.1017/S0142716411000610.

Enfield, N.J. (2009). *The Anatomy of Meaning. Speech, Gesture and Composite Utterances*. Cambridge University Press.

Farkas, C. (2009). Gestos que hablan: *Aprendiendo a comunicarnos con nuestros niños*. Universidad Católica de Chile; 19,11, 2018 <http://galeon.com/karinacruz2/Libro2p1.pdf>.

Farkas, C., Carvacho, C., Galleguillos, F., Montoya, F., León, F., Santelices, M. P., & Himmel, E. (2015). Estudio comparativo de la sensibilidad entre madres y personal educativo en interacción con niños y niñas de un año de edad. *Perfiles Educativos, 37*(148), 16-33.

Fenson, L., Dale, P. S., Reznick, J. S., Thal, D., Bates, E., Hartung, J. P., Pethick, S., & Reilly, J. S. (1993). *The MacArthur Communicative Development Inventories: User's guide and technical manual.* Singular Publishing Group.

Ferguson, C. (1977). Baby talk as a simplified register. En C. Snow & C. Ferguson, (Eds.), *Talking to Children: Language Input and Acquisition.* Cambridge University Press.

First Words Project (2015). Florida State University. Disponible en: http://firstwordsproject.com/about-16by16/

Fischel, J. E., Whitehurst, G. J., Caulfield, M. B., & Debaryshe, B. (1989). Language growth in children with expressive language delay. *Pediatrics, 83*(2), 218-227. Consultado el 18 de noviembre del 2018 en http://pediatrics.aappublications.org/content/83/2/218

Flipsen, P., & Parker, R. G. (2008). Phonological patterns in the conversational speech of children with cochlear implants. *Journal of Communication Disorders, 41*(4), 337-57. https://doi.org/10.1016/j.jcomdis.2008.01.003.

Fricke, S., Bowyer-Crane, C., Haley, A., Hulme, C., & Snowling, M. (2013). Efficacy of language intervention in the early years. *Journal of Child Psychology and Psychiatry 54*(3) 280–290.

Fombonne, E, Marcin, C, Manero, A C, et al (2016) Prevalence of autism spectrum disorders in Guanajuato, Mexico: The Leon survey. *Journal of Autism and Developmental Disorders, 46*(5): 1669-1685

Fondo de las Naciones Unidas para la Infancia. (2013). *Niñas y niños con discapacidad* (UNICEF).

Gathercole, Susan E., Susan J. Pickering, Benjamin Ambridge, & Wearing, H. (2004). The structure of working memory from 4–15 years of age. *Developmental Psychology, 40*(2), 177–190.

Gladfelter, A., Wendt, O., et al., (2011). Evidence-Based Speech and Language Intervention Techniques for the Birth-To-3 Population. *EBP Briefs, 5*(5), 1-10.

Goldfield, B., & Reznick, J. S. (1990). Early lexical acquisition: rate, content, and the vocabulary spurt. *Journal of Child Language, 17*(1), 171-183.

Goldin-Meadow, S. (2007). Gesture with speech and without it. En S. D. Duncan, J. Cassell, & E. T. Levy (Eds.), *Gesture and the dynamic dimension of language: Essays in honor of David McNeill* (pp. 31–49). Benjamins.

Goldstein B. A. (2005). Substitution patterns in the phonology of Spanish-speaking children. *Journal of Multilingual Communication Disorders, 3*(3), 153-168, https://doi.org/10.1080/14769670500096724

Goodwyn, S. W., Acredolo, L. P., & Brown, C. A. (2000). Impact of symbolic gesturing on early language development. *Journal of Nonverbal Behavior, 24*, 81–103. https://doi.org/10.1023/A:1006653828895

Gray, S. (2003). Word-learning by preschoolers with specific language impairment: What predicts success? *Journal of Speech, Language, and Hearing Research, 46*, 56–67.

Grassmann, S., & Tomasello, M. (2007). Two-year-olds use primary sentence accent to learn new words. *Journal of Child Language, 34*, 677–687.

Grassmann, S., & Tomasello, M. (2010). Prosodic stress on a word directs 24-month-olds' attention to a contextually new referent *Journal of Pragmatics 42*(11), 3098-310. DOI: 10.1016/j.pragma.2010.04.019

Guiberson, M., Rodríguez, B., & Dale, P. (2011). Classification accuracy of brief parent report measures of laguage development in Spanish speaking toddlers. *Language, Speech, and Hearing Services in School, 42*, 536–549.

Gutiérrez, J.P., Rivera-Dommarco, J., Shamah-Levy, T., Villalpando-Hernández, S., Franco, A., Cuevas-Nasu, L., Romero-Martínez, M ., & Hernández-Ávila, M. (2012). Encuesta Nacional de Salud y Nutrición 2012. Resultados Nacionales. Cuernavaca, México: *Instituto Nacional de Salud Pública (MX)*. Consultado el 18 de noviembre del 2018, disponible en https://ensanut.insp.mx/informes/ENSANUT2012ResultadosNacionales.pdf

Halfon, N., Olson, L.M., Inkelas, M., Mistry, R., Sareen, H., Lange, L., et al. (2002). Summary statistics from the National Survey of Early Childhood Health. Parent concerns, content, and quality of care. *Vital Health Statistics, Series 15*(3). http://www.cdc.gov/nchs/data/series/sr_15/sr15_003.pdf

Hall, D.G. and Waxman, S.R. (1993), Assumptions about Word Meaning: Individuation and Basic-Level Kinds. *Child Development, 64*, 1550-1570. https://doi.org/10.1111/j.1467-8624.1993.tb02970.x

Hallé, P. A., Durand, C., & de Boysson-Bardies, B. (2008). Do 11-month-old French infants process articles? *Language and Speech, 51*, 23–44.

Hancock, T. B., & Kaiser, A. P. (2009). Enhanced Milieu Teaching. En R. McCauley & M. Fey (Eds.), *Treatment of Language Disorders in Children* (pp. 203-233). Paul Brookes.

Hart, B., & Risley, R. T. (1995). *Meaningful differences in the everyday experience of young American children*. Paul H. Brookes.

Hart, B., & Risley, R. T. (1999). *The Social World of Children: Learning To Talk*. Paul Brookes.

Hart, B., & Rogers-Warren, A. (1978). A milieu approach to teaching language. En R. Schiefelbusch (Ed.), *Language intervention strategies* (pp. 193-235). University Park Press.

Hensch, T. K. (2005). Critical period plasticity in local cortical circuits. *Nature Reviews Neuroscience,* **6**, 877–888.

Hirsh-Pasek, K., Golinkoff, R. M., Hennon, E., & Maguire, M. J. (2004). Hybrid theories at the frontier of developmental psychology: the emergentist coalition model of word learning as a case in point. En D. Hall and S. R. Waxman (Eds), *Weaving a Lexicon*. MIT Press, 173-204.

Hoff, E. (2003a). Causes and consequences of SES-related differences in parent-to-child speech. En M. H. Bornstein & R. H. Bradley (Eds.), *Socioeconomic status, parenting, and child development* (pp.147-160). Lawrence Erlbaum Associates.

Hoff, E. (2003b). The specificity of environmental influence: Socioeconomic status affects early vocabulary development via maternal speech. *Child Development, 74,* 1368-1378.

Horvath, S., Rescorla, L., & Arunachalam, S. (2019). *The syntactic and semantic features of two-year-olds' verb vocabularies: A comparison of typically developing children and late talkers. Journal of Child Language, 46*(3), 409–432.

Horwitz, S. M., Irwin, J. R., Briggs-Gowan, M. J., Bosson Heenan, J. M., Mendoza, J., & Carter, A. S. (2003). Language delay in a community cohort of young children. *Journal of American Academy of Child and Adolescent Psychiatry, 42,* 932–940.

Individuals with Disabilities Education Improvement Act (IDEA) 2004, 20 U.S.C. §1400 et seq.

Irwin, J. R., Carter, A. S., & Briggs-Gowan, M. J. (2002). The social-emotional development of "late-talking" toddlers. *Journal of*

American Academy of Child and Adolescent Psychiatry, 41, 1324–1332.

Iverson, J. M. (2010). Multimodality in infancy: vocal-motor and speech-gesture coordinations in typical and atypical development. *Enfance*, 257–274. https://doi.org/10.4074/S0013754510003046

Iverson, J. M., & Goldin-Meadow, S. (2005). Gesture paves the way for language development. *Psychological Science, 16*, 367–371. https://doi.org/10.1111/j.0956-7976.2005.01542.x

Iverson J.M., Capirci O., Volterra V., & Goldin-Meadow S. (2008). Learning to talk in a gesture-rich world: Early communication of Italian vs. American children. *First Language*, 28, 164-181.

Jacques, S., & Zelazo, P.D. (2005). On the possible socio-communicative roots of cognitive flexibility. En B. Homer & C. Tamis-LeMonda (Eds.). *The development of social understanding and communication* (pp. 53–81). Lawrence Erlbaum Associates.

Jackson-Maldonado, D. (2004). El retraso de lenguaje en niños mexicanos: vocabulario y gestos. *Anuario de Psicología 35*, 257-277.

Jackson-Maldonado, D., Thal, D. J. Fenson, L., Marchman, V., Newton, T., & Conboy, B. (2003). *MacArthur Inventarios del Desarrollo de Habilidades Comunicativas*. Brookes.

Jusczyk, P.W. (2003). The role of Speech Perception Capacities in Early Language Acquisition. En M.T. Banich, & M. Mack, (Eds.). *Mind, Brain and Language. Multidisciplinary perspectives*. Lawrence Erlbaum Associates.

Kaiser, A. P., & Hancock, T. B. (2003). Teaching parents new skills to support their young children's development. *Infants & Young Children, 16*(1), 9–21.

Kanakogi, Y., & Itakura, S. (2011). Developmental correspondence between action prediction and motor ability in early infancy. *Nature Communications 2,* 341. https://doi.org/10.1038/ncomms1342

Killen, M., & Uzgiris, I.C. (1981). Imitation of action with objects: The role of social meaning. *Journal of Genetic Psychology, 138,* 219–229.

Kita, S. (2000). How representational gestures help speaking. In D. McNeill (Ed.), *Language and Gesture* (pp. 162–185). Cambridge University Press.

Kuhn, L. J., Willoughby, M. T., Wilbourn, M. P., Vernon-Feagans, L., & Blair, C. B. (2014). Early communicative gestures prospectively predict language development and executive function in early childhood. *Child Development,* 1898–1914. https://doi.org/10.1111/cdev.12249

Lahey, M. (1988). *Language Disorders and Language Development.* MacMillan.

Landry, S.H., Smith, K.E., & Swank, P.R. (2006). Responsive parenting: establishing early foundations for social, communication, and independent problem-solving skills. *Developmental Psychology Journal, 42*(4), 627-42.

Landry, S.H., Smith, K. E., Swank, P.R., Assel, M. A ., & Vellet, S. (2001). Does early responsive parenting have a special importance for children's development or is consistency across early childhood necessary. *Developmental Psychology, 37*(3), 387-403.

Landry, S.H., Zucker, T., Williams, J., Merz, E., Guttentag, C., &, Heather, T. (2017). Improving school readiness of high-risk preschoolers: Combining high quality instructional strategies with responsive training for teachers and parents. *Early Childhood Research Quarterly, 40,* 38-51.

Law, J., Boyle, J., Harris, F., Harkness, A., & Nye, C. (2000). Prevalence and natural history of primary speech and language delay: Findings from a systematic review of the literature. *International Journal of Language and Communication Disorders, 35*(2), 165–88.

Law, J., Garrett, Z., & Nye, C. (2004). The efficacy of treatment for children with developmental speech and language delay/disorder: A meta-analysis. *Journal of Speech Language and Hearing Research 47,* 924–943.

Leffel, K., & Suskind, D. (2013). Parent-directed approaches to enrich the early language environments of children living in poverty. *Seminars in Speech and Language, 34,* 267–278.

Leonard, L. (2014). *Children with Specific Language Impairment.* MIT Press.

Lerner, R. M. (2006). Developmental Science, Developmental Systems, and Contemporary Theories of Human Development. En R.M. Lerner & W. Damon (Eds.) *Handbook of Child Psychology,* Vol. 1: *Theoretical Models of Human Development* (6ta. Ed.) (pp. 1-17). Wiley & Sons.

Libertus, K., Joh, A.S., & Needham, A. (2016). Motor training at three months affects object exploration 12 months later. *Developmental Science, 19*(6), 1058–1066. https://doi.org/10.1111/desc.12370

Lipina, S., & Posner, M. (2012). The impact of poverty on the development of brain networks. *Frontiers in Human Neuroscience,* 6, 1-12. https://doi.org/10.3389/fnhum.2012.00238

Liszkowski, U., & Tomasello, M. (2011). Individual differences in social, cognitive, and morphological aspects of infant pointing. *Cognitive Development 26*(1), 16-29.

Lloyd, C. A., & Masur, E. F. (2014). Infant Behaviors Influence Mother's Provision of Responsive and Directive Behaviors. *Infant Behavior and Development, 37,* 276-285.

Marcovitch, S., & Zelazo, P. D. (2009). A hierarchical competing systems model of the emergence and early development of executive function. *Developmental Science, 12*(1), 1–18.

Márquez–Caraveo, M.E., & Albores–Gallo, L. (2011). Trastornos del espectro autista: retos diagnósticos y terapéuticos en el contexto de México. *Salud Mental, 34*(5), 435-441.

Marquis, A., & Shi, R. (2012). Initial morphological learning in preverbal infants. *Cognition 122,* 61–66.

Masur, E. F., Flynn, V., & Eichorst, D. L. (2005). Maternal Responsive and Directive Behaviours and Utterances as Predictors of Children's Lexical Development. *Journal of Child Language, 32,* 63-91.

Masur, E. F., & Ritz, E. G. (1984). Patterns of gestural, vocal, and verbal imitation performance in infancy. *Merrill Palmer Quarterly, 30,* 369–392.

McCabe, M. A., & Uzgiris, I. C. (1983). Effects of model and action on imitation in infancy. *Merrill-Palmer Quarterly. 29,* 69–82.

McConachie, H., & Diggle, T. (2007). Parent implemented early intervention for young children with autism spectrum disorder: A systematic review. *Journal of Evaluation in Clinical Practice, 13,* 120–129.

McGillion, M. L., Pine, J. M., Herbert, J. S., & Matthews, D. (2017). A randomised controlled trial to test the effect of promoting caregiver contingent talk on language development in infants from diverse socioeconomic status backgrounds. *Journal of Child Psychology and Psychiatry, 58*(10), 1122-1131.

McNeill D. (1992). *Hand and mind: What gesture reveals about thought.* University of Chicago Press.

McNeill D. (Ed.) (2000). *Language and gesture.* Cambridge University Press.

McWilliam, R. A., Wolery, M., & Odom, S. L. (2001). Instructional perspectives in inclusive preschool classrooms. En M. J. Guralnick (Ed.), *Early childhood inclusion: Focus on change* (pp. 503–527). Brookes.

Meltzoff A. N. (1985). Immediate and deferred imitation in fourteen- and twenty-month-old infants. *Child Development, 56,* 62–72

Meltzoff, A.N. (1995). Understanding the Intentions of Others: Re-Enactment of Intended Acts by 18-Month-Old Children. *Developmental Psychology 31*(5), 838-850.

Meltzoff, A.N. (2007). Infants' causal learning: Intervention, observation, imitation. En A. Gopnik & L. Schulz (Eds.), *Causal learning: Psychology, philosophy, and computation* (pp. 37-47). Oxford University Press. http://dx.doi.org/10.1093/acprof:oso/9780195176803.003.0003

Meltzoff, A. N., Moore, M. K. (1977). Imitation of facial and manual gestures by human neonates. *Science, 198,* 75–78.

Mintz, T. H. (2013). The segmentation of sub-lexical morphemes in English-learning 15-month olds. *Frontiers in Psychology 4*(24). doi: 10.3389/fpsyg.2013.00024

Mirak, J., & Rescorla, L. (1998). Phonetic skills and vocabulary size in late talkers: Concurrent and predictive relationships. *Applied Psycholinguistics, 19*(1), 1-17. https://doi.org/10.1017/S0142716400010559

Moll, H., Carpenter, M., & Tomasello, M. (2007). Fourteen-month-olds know what others experience only in joint engagement. Developmental Science, 10: 826-835. https://doi.org/10.1111/j.1467-7687.2007.00615.x

Morsella, E., & Krauss, R. (2004). The role of gestures in spatial working memory and speech. *The American Journal of Psychology*, *117*(3), 411–424.

Mundy, P., & Sigman, M. (2006). Joint Attention, Social Competence, and Developmental Psychology. En D. Cicchetti & D. Cohen (Eds.) *Developmental Psychopathology* (pp. 293-332). Wiley & Sons.

Nadel, J. (2014). *How imitation boosts development in infancy and autism spectrum disorder* (E. Corbett, Trans.). Oxford University Press.

National Academies of Sciences, Engineering and Medicine, (2016). *Parenting Matters: Supporting Parents of Children Ages 0-8*. The National Academies Press. https://doi.org/10.17226/21868.

Nelson, D., Nygren, P., Walker. M., & Panoscha, R. (2006). Evidence Review for the US Preventive Services Task Force Screening for Speech and Language Delay in Preschool Children: Systematic Evidence Review for the US Preventive Services Task Force. *Pediatrics, 117,* e298-e319. https://doi.org/10.1542/peds.2005-1467

Noble, K.G., Houston, S. M. MA, Brito, Na. H., Bartsch, H., Kan, E., Kuperman, J.M., Akshoomoff, N., Amaral, D.G., Bloss, C.S., Libiger, O., Schork, N.J., Murray, S.S., Casey, B. J. Chang, L., Ernst, T.M., Frazier, J.A., Gruen, J.R., Kennedy, D.N., Van Zijl, P., Mostofsky, S., Kaufmann, W.E., Kenet, T., Dale, A.M., Jernigan, T.L., Sowell, E.R., and for the Pediatric Imaging, Neurocognition, and Genetics Study (2015). Family Income, Parental Education and Brain Structure in Children and Adolescents *Nature Neuroscience* 18(5), 773-778. https://doi.org/10.1038/nn.3983.

Nwosu, N. (2016). *Parental responsivity and language outcomes during a language intervention for children with developmental delay*. Georgia State University.

Oakes, J., & Rossi, P. 2003 The measurement of SES in health research: Current practice and steps toward a new approach. *Social Science & Medicine*, 56, 769-784.

Özçalışkan, S., & Goldin-Meadow, S. (2005). Gesture is at the cutting edge of early language development. *Cognition, 96*, B101-B113. https://doi.org/10.1016/j.cognition.2005.01.001

Papeo, L., Agostini, B., & Lingnau, A. (2019). The Large-Scale Organization of Gestures and Words in the Middle Temporal Gyrus. *Journal of Neuroscience 39*(30), 5966-5974 https://doi.org/10.1523/JNEUROSCI.2668-18.2019

Parladé, M.V., & Iverson, J.M. (2015). The Development of Coordinated Communication in Infants at Heightened Risk for Autism Spectrum *Disorder Journal of Autism and Developmental Disorders, 45*(7), 2218-2234. https://doi.org/10.1007/s10803-015-2391-z.

Paul, R. (1991). Profiles of toddlers with slow expressive language development. *Topics in Language Disorders, 11*, 1-13.

Paul, R. (1996). Clinical implications of the natural history of slow expressive language development. *American Journal of Speech-Language Pathology, 5*(2), 5-21.

Paul, R. (2000). Predicting outcomes of early expressive language delay: Ethical implications. En D. V. Bishop & L. B. Leonard (Eds.), *Speech and language impairments in children:*

Causes, characteristics, intervention and outcome (p.p. 195–209). Psychology Press.

Paul, R., Looney, S. S., & Dahm, P. S. (1991). Communication and socialization skills at ages 2 and 3 in "late talking" young children. *Journal of Speech and Hearing Research, 34,* 858–865.

Pearce, P. S., Girolametto, L., & Weitzman, E. (1996). The effects of focused stimulation intervention on mothers of late-talking toddlers. *Infant-Toddler Intervention,* 6(3), 213-227.

Pelchat, D., Bisson, J., Bois, C., & Saucier, J. F. (2003). The effects of early relational antecedents and other factors on parental sensitivity of mothers and fathers. *Infant and Child Development, 12,* 27–51.

Peñaloza, C., Auza, A., & Murata, C. (En prensa). Parental concern in typical and atypical language acquisition of Monolingual Spanish-speaking children in adverse social conditions. En. B. Barcelata & P. Suárez (Eds.) *Child and Adolescent Development in Risky Adverse Contexts: A Latin American Perspective* Springer.

Piaget, J. (1945). *La formación del símbolo en el niño.* Fondo de Cultura Económica.

Piaget, J. (1962). *Play, dreams, and imitation in childhood.* Norton.

Pine, J., Lieven, E., & Rowland, G. (1998). Comparing different models of the development of the English verb category. *Linguistics, 36,* 4–40.

Prathanee, B., Thinkhamrop, B., Dechongkit, S. (2007). Factors associated with specific language impairment and later language development during early life: a literature review. *Clinical Pediatrics,* 46(1), 22-29.

Pungello, E., Iruka, I., Dotterer, A., Mills-Koonce, R., Reznick, J. (2009). The effects of socioeconomic status, race, and parenting on language development in early childhood. *Developmental Psychology, 45*(2), 544-557.

Quinn, S., Donnelly, S., & Kidda, E. (2018). The relationship between symbolic play and language acquisition: A meta-analytic review. *Developmental Review 49*, 121-135.

Randall, D., Reynell, J., & Curwen, M. (1974). A study of language development in a sample of 3 year old children. *British Journal of Disorders of Communication, 9*(1), 3-16.

Raviv, T., Kessenich, M., & Morrison, F. J. (2004). A mediational model of the association between socioeconomic status and three-year-old language abilities: The role of parenting factors. *Early Childhood Research Quarterly, 19*(4), 528-547.

Reilly, S., Cook, F., Bavin, E.L., Bretherton, L., Cahir, P., Eadie, P., Gold, L., Mensah, F., Papadopoullos, S., & Wake, M. (2018). Cohort Profile: The Early Language in Victoria Study (ELVS). *International Journal of Epidemiology*, 11-12. doi: 10.1093/ije/dyx079

Reilly, S., Tomblin, B., Law, J., McKean, C., Mensah, F.K., Morgan, A., Goldfeld, S., Nicholson, J. M., & Wake, M. (2014), Specific language impairment: a convenient label for whom? *International Journal of Language and Communication Disorders, 49*, 416-451. https://doi.org/10.1111/1460-6984.12102

Reilly, S., Wake, M., Bavin, E.L, Prior, M., Williams, J., Bretherton, L., & et. al. (2007). Predicting language at 2 years of age: A prospective community study. *Pediatrics, 120*(6), 1441-1449.

Rescorla, L. (1989). The Language Development Survey: A screening tool for delayed language in toddlers. *Journal of Speech and Hearing Disorders, 54*, 587-599.

Rescorla, L. (2012). *Late Talkers: Do good predictors of outcome exist?* Septiembre, 2018, de Wiley Online Library. Sitio web: https://pdfs.semanticscholar.org/9d95/4de6bc45453e92a62775900ebb64376ec0b5.pdf

Rescorla, L., & Dale, P. (2013). *Late talkers: Language development, interventions, and outcomes.* Brookes.

Rescorla, L., Hadicke-Wiley, M., & Escarce, E. (1993). Epidemiological investigation of expressive language delay at age two. *First Language, 13*(37), 5–22.

Rescorla, L., Mirak, J., & Singh, L. (2000). Vocabulary growth in late talkers: Lexical development from 2;0 to 3;0. *Journal of Child Language, 27,* 293-312.

Rescorla, L., & Ratner, N. B. (1996). Phonetic profiles of toddlers with specific expressive language impairment (SLI-E). *Journal of Speech and Hearing Research, 39,*153–165.

Rescorla. L., & Roberts J. (1997). Late talkers at 2: outcome at age 3. *Journal of Speech, Language and Hearing Research 40,* 556-566.

Rescorla, L., & Schwartz, E. (1990). Outcome of toddlers with specific expressive language delay. *Applied Psycholinguistics, 11*(4), 393-407.

Rice, C., Nicholas, J., Baio, J., Pettygrove, S., & et al. (2010). Changes in Autism Spectrum Disorder Prevalence in 4 Areas of The United States. *Disability and Health Journal, 3*(3), 186-201.

Riches, N. G., Tomasello, M., & Conti-Ramsden, G. (2005). Verb learning in children with SLI. *Journal of Speech, Language, and Hearing Research, 48,* 1397-1411.

Rizzolatti, G., & Fadiga, L. Gallese, V., & Fogassi, L. (1996). Premotor cortex and the recognition of motor actions *Cognitive Brain Research, 3*(2), 131-41.

Rizzoli-Córdoba, A., Campos-Maldonado, M. C., Vélez-Andrade, V. H., Delgado-Ginebra, I., Iván, C., Villasís-Keever, M. Á.,... Sidonio-Aguayo, B. (2015). Evaluación diagnóstica del nivel de desarrollo en niños identificados con riesgo de retraso mediante la prueba de Evaluación del Desarrollo Infantil. *Boletín Médico del Hospital Infantil, 72*(6).

Roberts, M. Y., & Kaiser, A. P. (2012). Assessing the effects of a parent-implemented language intervention for children with language impairments using empirical benchmarks: A pilot study. *Journal of Speech, Language, and Hearing Research, 55,* 1655–1670.

Roberts, M. Y., Kaiser, A. P., Wolfe, C. E., Bryant, J. D., & Spidalieri, A. M. (2014). Effects of the teach-model-coach review instructional approach on caregiver use of language support strategies and children's expressive language skills. *Journal of Speech, Language, and Hearing Research, 57,* 1851–1869.

Roberts, M. Y., & Kaiser, A. P. (2015). Early intervention for toddlers with language delays: A randomized controlled trial. *Pediatrics, 135,* 686–693. https://doi.org/10.1542/p Eds.2014-2134

Roggman, L. A., Cook, G. A., Innocenti, M. S., Jump Norman, V., & Christiansen, K. (2013). Parenting interactions with children: checklist of observations linked to outcomes (PICCOLO) in diverse ethnic groups. *Infant Mental Health Journal 34,* 290–306. https://doi.org/10.1002/imhj.21389

Rojas-Nieto, C. (2019). Expresiones locativas en la interacción: A la búsqueda del reconocimiento referencial. *Lingüística, 35*(2), 171-189.

Rojas-Nieto, C. (2009). Before grammar: Cut and paste in early complex sentences (pp. 143-174). En J. Grinstead (Ed.), *Hispanic Child Languages*. John Benjamins.

Romero, S. (2009). *La participación de los padres en el proceso de rehabilitación de lenguaje: programa y resultados*. Universidad Autónoma de San Luis Potosí.

Romero-Martínez, M., Shamah-Levy, T., Franco-Núñez, A., Villalpando, S., Cuevas-Nasu, L., Gutiérrez, J. P., & Rivera-Dommarco, J. A. (2013). [National Health and Nutrition Survey 2012: design and coverage]. *Salud Pública de México, 55*(Suppl. 2), S332–S340. PMID: 24626712

Roth, F. P., & Baden, B. (2001). Investing in emergent literacy intervention: A key role for speech-language pathologists. *Seminars in Speech and Language, 22,* 163–174.

Roth, F. P., & Paul, R. (2007). Principles of intervention. In R. Paul (Ed.), *Introduction to clinical methods in communication disorders* (pp. 159–182). Brookes.

Rowe, M. L., Özçalişkan, Ş., & Goldin-Meadow, S. (2008). Learning words by hand: Gesture's role in predicting vocabulary development. *First Language, 28,* 182–199.

Rowe, M.L., Goldin-Meadow, S. (2009a). Differences in early gesture explain SES disparities in child vocabulary size at school entry. *Science 323,* 951-953. https://doi.org/10.1126/science.1167025 21, 11, 2018

Rowe, M. L., & Goldin-Meadow, S. (2009b). Early gesture selectively predicts later language learning. *Developmental Science, 12,* 182–187. https://doi.org/10.1111/j.1467-7687.2008.00764.x

Rowe, M. L., Raudenbush & Goldin-Meadow, (2012). The pace of vocabulary growth helps predict later vocabulary skill. *Child Development, 83*(2), 508–525.

Rowland, C. (2014). *Understanding Language Acquisition*. Routledge.

Santelices, M. P., Farkas, C., Montoya, F., Galleguillos, F., Carvacho, C., Fernández, A.,... Himmel, É. (2015). Factores predictivos de la sensibilidad materna en infancia temprana. *Psicoperspectivas. Individuo y Sociedad, 14*(1), 66–76.

Scarborough, H.S., & Dobrich, W. (1990). Development of children with early language delay. *Journal of Speech, Language and Hearing Research, 33*, 70-83.

Schneider, R. M., Yurovsky, D., & Frank, M. C. (2015). Large-scale investigations of variability in children's first words. *Proceedings of the Cognitive Science Society.*

Schooling, T., Venediktov, R., & Leech, H. (2010). *Evidence-Based Systematic Review: Effects of Service Delivery on the Speech and Language Skills of Children from Birth to 5 Years of Age*. ASHA's National Center for Evidence-Based Practice in Communication Disorders.

Schröder, L., Keller, H., & Kleis, A. (2013). Parent-child conversations in three urban middle-class contexts: Mothers and fathers reminisce with their daughters and sons in Germany, Costa Rica and Mexico. *Actualidades en Psicología, 27*(115), 49-73.

Shin, H., Park, Y. J., Ryu, H., Seomun, G.A. (2008). Maternal sensitivity: a concept analysis. *Journal of Advanced Nursing, 64*(3), 304-14. https://doi.org/10.1111/j.1365-2648.2008.04814.x. Epub 2008 Sep 1.

Silva Lima, Etelvina do Rosário, Anabela Cruz-Santos (2012). Acquisition of gestures in prelinguistic communication: a theoretical approach. *Revista **da Sociedade Brasileira De** Fonoaudiologia, 17*(4), 495-501. 18, 11, 2018 <http://www.scielo.br/pdf/rsbf/v17n4/en_22.pdf>.

Silva, P.A., McGee, R., & Williams, S.M. (1983). Developmental language delay from three to seven years and its significance for low intelligence and reading difficulties at age seven. *Developmental Medicine & Child Neurology, 25*, 783–793.

Slobin, D. I. (1973). Cognitive prerequisites for grammar. En C. Ferguson & D. I. Slobin, (Eds.), *Studies in Child Language Development*. Holt, Rinehart and Winston.

Snow, C. (1972). Mothers' speech to children learning language. *Child Development 43*, 549-565.

Stevenson, J., & Richman, N. (1976). The prevalence of language delay in a population of three-year-old children and its association with general retardation. *Developmental Medicine and Child Neurology, 18*, 431–441.

Suskind, D. L., Leffel, K. R., Graf, E., Hernandez, M. W., Gunderson, E. A., Sapolich, S. G., ..., & Levine, S. C. (2016). A parent-directed language intervention for children of low socioeconomic status: A randomized controlled pilot study. *Journal of Child Language, 43*(2), 366-406.

Soto, S., Linas, K., Jacobstein, D., Biel, M., Migdal, T., & Anthony, B. J. (2015). A review of cultural adaptations of screening tools for autism spectrum disorders. *Autism, 19*(6), 1-16. https://doi.org/10.1177/1362361314541012

Stevanoni, E., & Salmon, K. (2005). Giving memory a hand: Instructing children to gesture enhances their event recall. *Journal of Nonverbal Behavior, 29*(4), 217–233. https://doi.org/10.1007/s10919-005-7721-y

Sylvestre, A., & Mérette, C. (2010). Language delay in severely neglected children: A cumulative or specific effect of risk factors? *Child Abuse & Neglect, 34*. 414-428. Recuperado el 1 de febrero de 2013 en http://www.sciencedirect.com/science/article/pii/ S0145213410000876

Talero-Gutiérrez, C., Rodríguez, M., De La Rosa, D., Morales, G., & et al. (2011). Caracterización de niños y adolescentes con trastornos del espectro autista en una institución de Bogotá, Colombia. *Neurología.* https://Docs.Google.Com/Viewer?Url=Http:// Www.Elsevier.Es/Sites/Default/Files/Elsevier/Eop/S0213-4853%2811%2900139-3.Pdf&Embedded=True&Chrome=True.

Tamis-Lemonda, C., Bornstein, M. H., & Baumwell, L. (2001). Maternal responsiveness and children's achievement of language milestones. *Child Development, 72*(3), 748–767.

Tamis LeMonda, C., & Rodriguez, E. (2008). Parents' role in fostering young children's learning and language development. http://www.cclcca.ca/pdfs/ECLKC/encyclopedia/TamisLemondaRodriguezANGxpCSAJELanguage.pdf

Tamis-LeMonda, C., Shannon, J., Cabrera, N., & Lamb, M. (2004). Fathers and mothers play with their 2- and 3-year olds: Contributions to language and cognitive development. *Child Development, 75*(6), 1806–1820. https://doi.org/10.1111/j.1467-8624.2004.00818.x

Thal, D., & Tobias, S., (1992). Communicative gestures in children with delayed onset of oral expressive vocabulary. *Journal of Speech and Hearing Research, 35,* 1281–1289.

Thal, D., & Tobias, S., (1994). Relationships between language and gesture in normally developing and late-talking toddlers. *Journal of Speech and Hearing Research, 37,* 157–170.

Thal, D. J., Tobias, S., & Morrison, D. (1991). Language and gesture in late talkers: a one-year follow-up. *Journal of Speech and Hearing Research 34,* 604-612.

Tomasello, M. (2000). *The Cultural Origins of Human Cognition*. Harvard University Press.

Tomasello, M. (2001). Perceiving intentions and learning words in the second year of life. En M. Tomasello & E. Bates (Eds.) *Language Development* (p.p. 111-128). Blackwell.

Tomasello, M. (2003). *Constructing a language. A usage-based theory of language acquisition*. Harvard University Press.

Tomasello, M. (2006). Why don't apes point? En N. J. Enfield & S. C. Levinson (Eds.). *Roots of Human Sociality: Culture, cognition and interaction* (p.p. 506-524).Oxford & Berg.

Tomasello, M. (2008). *Origins of human communication*. The MIT press.

Tomasello, M., & Abbot-Smith, K. (2002). A tale of two theories: response to Fisher. *Cognition, 83*, 207–214.

Tomasello, M., & Akhtar, N. (2003). What paradox? A response to Naigles (2002). *Cognition, 88*, 317–323.

Tomasello, M., Strosberg, R., Akhtar, N. (1996). Eighteen-month-old children learn words in non-ostensive contexts. *Journal of Child Language, 23*(1), 157-76.

Trafton, J. G., Trickett, S. B., Stitzlein, C. A., Saner, L., Schunn, C. D., & Kirschenbaum, S.S. (2006). The relationship between spatial transformations and iconic gestures. *Spatial Cognition and Computation, 6*(1), 1–29.

Tomblin, J. B., & Samulson, V. (2005). The course and outcomes of specific language impairment. Fréquences, *Revue de l'Ordre des Orthophonistes et Audiologistes du Québec, 17*(3), 21–26.

Uzgiris, I. (1981). Two functions of imitation during infancy. *International Journal of Behavioural Development, 4*, 1-12.

Vicari, S., & Auza, A. (2017). *Nuestro hijo con autismo*. (pp. 100). Manual Moderno.

Vilaseca, R.A, Rivero, M., Bersabé, R. M., Navarro-Pardo, E., Cantero, M. J., Ferrer, F., Valls Vidal, C., Innocenti, M. S., & Roggman, L. (2019). Spanish Validation of the PICCOLO (Parenting Interactions with Children: Checklist of Observations Linked to Outcomes). *Frontiers in Psychology, 10*. https://doi.org/10.3389/fpsyg.2019.00680

Vinson, B. (2012). *Preschool and School-Age Language Disorders*. Delmar Cengage Learning.

Vllasaliu, L, Jensen, K., Hoss, S., Landenberger, M., Menze, M., Schütz, M., Ufniarz, K., Kieser, M., Freitag, C.M. (2016). Diagnostic instruments for autism spectrum disorder (ASD). *Cochrane Database of Systematic Reviews 2016*, Issue 1. Art. No.: CD012036. https://doi.org/10.1002/14651858.CD012036

Weitzman, E., Girolametto, L., & Drake, L. (2017). Hanen Programs® for Parents: Parent Implemented Early Language Intervention. En McCauley, R. J., Fey, M. E., & Gillam, R. B. (2 ed.), *Treatment of Language Disorders in Children* (pp. 27-56). Paul H. Brookes Publishing.

Weitzman, E., Girolametto, L., & Greenberg, J. (2006). Adult responsiveness as a critical intervention mechanism for emergent literacy: Strategies for Early Childcare Educators. En L. Justice (Ed.), *Clinical Approaches to Emergent Literacy Intervention*. Plural Publishing.

Wallace, I. F., Berkman, N. D., Watson, L. R., Coyne-Beasley, T., Wood, C.T., Cullen, K., & Lohr, K. N. (2015). Screening for Speech and Language Delay in Children 5 Years Old and Younger: A Systematic Review. *Pediatrics, 136*(2) e448-e462; https://doi.org/10.1542/p Eds.2014-3889

Walker, S., Wachs, T., Grantham-McGregor, S., Black, M., Nelson, Ch., Huffman, S., et al., (2011). Inequality in early childhood: risk and protective factors for early child development. *The Lancet, 378,* 1325:1338.

Warren, S., & Brady, N. (2007). The role of maternal responsivity in the development of children with intellectual disabilities. *Mental Retardation and Developmental Disabilities Research Reviews, 13,* 330–338.

Warren, S. F., & Yoder, P. J. (2004). Early intervention for young children with language impairments. En L. Verhoeven and H. V. Balkom (Eds). *Classification of Developmental Language Disorders.* Lawrence Erlbaum: 367–381.

Weisleder, A., & Fernald, A. (2014). Social environments shape children's language experiences, strengthening language processing and building vocabulary. *Language in Interaction.* Studies in honor of Eve V. Clark. (pp. 29-50), John Benjamins.

Werker, J. F., Cohen, L. B., Lloyd, V. L., Casasola, M., & Stager, C. L. (1998). Acquisition of word-object associations by 14-month-old infants. *Developmental Psychology, 34*(6), 1289-309.

Wetherby, A. M., Guthrie, W., Woods, J., Schatschneider, C., Holland, R. D., Morgan, L., ... Lord, C. (2014). Parent implemented social intervention for toddlers with autism: A Randomized Control Trial. *Pediatrics, 134,* 1084–1093.

Wilkins, D.P., & Hill, D. (1995). When "go" means "come": Questioning the basicness of basic motion verbs. *Cognitive Linguistics* 6(2/3), 209-259.

Woodall, W.G., & Folger, J.P. (1985). Nonverbal cue context and episodic memory: On the availability and endurance of nonverbal behaviors as retrieval cues. *Communication Monographs 52,* 319–333.

Woodward, A. L., Aslin, R. N. (1990). Segmentation cues in maternal speech to infants; Conferencia presentada en la International Conference on Infant Studies, Quebec, Canada.

Xu, J., Gannon, P. J., Emmorey, K., Smith, J. F., & Braun, A. R. (2009). Symbolic gestures and spoken language are processed by a common neural system. *Proceedings of the National Academy of Sciences of the United States of America, 106,* 20664–20669.

Yousafzai A. K., Rasheed, M.A., Rizvi, A., Armstrong, R., & Bhutta, Z.A. (2014). Effect of integrated responsive stimulation and nutrition interventions in the Lady Health Worker programme in Pakistan on child development, growth, and health outcomes: a cluster-randomised factorial effectiveness trial. *Lancet 384,* 1282–93.

Zelazo, P. D., Müller, U., Frye, D., & Marcovitch, S. (2003). The development of executive function in early childhood. *Monographs of the Society for Research in Child Development, 68* (Serial No. 264).

Zubrick, S. R., Taylor, C. L., Rice, M. L, & Slegers, D. W. (2007). Late language emergence at 24 months: an epidemiological study of prevalence, predictors, and covariates. *Journal of Speech, Language and Hearing Research 50,* 1562-1592.